O2O冷思考

刘 旷 著

電子工業出版社
Publishing House of Electronics Industry
北京·BEIJING

内 容 简 介

本书全景式展现了O2O模式在中国的发展现状，涵盖娱乐休闲、汽车服务、餐饮美食、房产家居、购物电商等各个领域，通过深入的分析和研究，摸清O2O模式在中国发展的基本脉络，并对当前国内O2O模式的发展提出了一些切实可行的建议。

本书是互联网行业管理者实现企业转型发展的重要指导书，也是创业者的必备资料。

图书在版编目（CIP）数据

O2O冷思考 / 刘旷著. —北京：电子工业出版社，2016.1
ISBN 978-7-121-27964-5

Ⅰ. ①O… Ⅱ. ①刘… Ⅲ. ①网络营销—研究 Ⅳ. ①F713.36

中国版本图书馆CIP数据核字（2015）第317966号

责任编辑：富　军
印　　刷：三河市兴达印务有限公司
装　　订：三河市兴达印务有限公司
出版发行：电子工业出版社
　　　　　北京市海淀区万寿路173信箱　邮编　100036
开　　本：720×1 000　1/16　印张：15.5　字数：285千字
版　　次：2016年1月第1版
印　　次：2016年1月第1次印刷
印　　数：4000册　　定价：48.00元

凡所购买电子工业出版社图书有缺损问题，请向购买书店调换。若书店售缺，请与本社发行部联系，联系及邮购电话：（010）88254888。

质量投诉请发邮件至zlts@phei.com.cn，盗版侵权举报请发邮件至dbqq@phei.com.cn。

服务热线：（010）88258888。

前　　言

美团与大众点评正式宣布合并，引爆了整个 O2O 行业。在 O2O 决战中，不管是满怀信心的创业者，还是野心勃勃的知名互联网公司，都对传统商业模式造成极大的冲击。在国内，以百度、阿里巴巴、腾讯为首的公司都在紧锣密鼓地进行 O2O 布局，分队厮杀。可以明确的是，O2O 将会改变中国，线上与线下的高度融合，产生的巨大威力是不可想象的。

O2O 模式，主要是结合线上平台与线下商务，企业的线下能力起着决定性的作用。而企业的线下能力，又与线上用户的黏性存在一定的联系。因此，提供企业线下能力与线上用户黏性是至关重要的。O2O 模式在于通过线上平台吸引消费者，但消费者必须要到线下进行消费和体验。因此，企业线下服务的质量也很重要。同时，企业要保证线上信息与线下商业服务的一致。如果企业以价格优势吸引用户消费，那么又该如何平衡线上价格与线下价格之间的落差呢？

O2O 模式还在蓬勃的发展中，并没有一套完整的标准可以遵循。因此，较为可行的方法是对 O2O 市场展开全面细致地分析，借鉴企业的成功与失败的经验指导自己的实践。

本书的特点在于全面、细致地呈现当前中国 O2O 市场的基本状况，涵盖多个行业，对于企业的发展具有较高的借鉴意义，同时，还对企业发展的成败进行分析，力求剖析出 O2O 模式当前的发展道路。因此，本书十分适合企业管理人员和创业者，可使其在了解 O2O 市场的过程中形成一个较高的认识，在战略上、操作上有所思考。

本书以实践、技巧、策略和方法为主，摸清企业发展背后的脉络，深入聚焦移动互联网企业发展的变革之路。在阅读的过程中，读者可感受到新的商业模式给生活、社会带来的巨大改变。

目录

第 1 章　O2O 就在我们身边

O2O 是线上和线下的融合

O2O 解决了我们身边的问题

O2O 所包含的几个要素

国内主流的一些 O2O 模式

大学创业，何不从互联网+校园开始

马云二度狂砸 60 亿元为哪般

2010 年年底，“O2O”一词开始被引入中国。其实，在概念被引入之前，中国互联网的 O2O 商业实践早已开始了，如携程和大众点评，它们所做的事情就属于 O2O 模式。2010 年，O2O 在中国还只是一个“舶来品”，但其所指称的商业模式在国内已有实践者。

1.1　O2O 是线上和线下的融合

2015年，美团和大众点评的合并成为了互联网行业最为新鲜的话题，也将O2O推向了风口浪尖。紧接着，关于资本、烧钱、洗钱等各种各样的解读层出不穷。在整个互联网领域，O2O行业的各种事件成为人们最为关注的话题。资本十分火热，整个O2O领域的竞争越来越激烈。

很显然，O2O已经真正实现了线上与线下的融合。比如在十一黄金周期间，没有了各种各样的营销手段和资本间的尔虞我诈，线下市场开始呈现出更多的精彩。在整个O2O之战中，支付的身影更加明显，微信支付、支付宝、百度钱包等开始占据O2O大战的主页面。

走在大城市的街头，很多店铺前都有易拉宝，满眼尽是满减、优惠。令人意想不到的是，很多店铺开始主动向用户告知一些主流商家的团购套餐。有一段时间，商家将团购作为主要的流量来源，并开始主动帮助推广一些O2O平台。商家追求利益，O2O平台能带来更加综合的解决方案。自动排队服务、会员管理、排队延时服务、地理位置导流等与以往单纯的优惠相比，在O2O平台的支持下，商家可以为用户提供更为丰富、多元化的服务，促进了商户管理效率的提升，真正实现了双赢。

随着O2O平台之间竞争的持续升温，用户和商家可选择的余地更大，“烧钱”只是一种表面现象，如何提升服务质量才是赢得这场战争的关键。

商家的营销活动已经让人审美疲劳了，而扫码支付似乎越来越引人关注，移动支付倒是火了一把。微信支付、支付宝、百度钱包早就开始线下支付的推广，趁着O2O这把火，继续将移动支付深入推广。

除了单一的优惠补贴，移动支付开始不断拓展自己的实力范围。比如，美团消费后的积分和优惠在使用上具有一定的局限性，甚至只能在同一家店铺使用。而糯米O2O平台却有很大的施展空间，有了百度钱包的支撑，其优惠券可以用于住宿、看电影等消费，满足了用户多方面的消费需求。移动支付成为O2O平台非常重要的一个方面，对于O2O竞争模式及未来格局的发展具有深远的影响。

1.2 O2O 解决了我们身边的问题

从整体上来看，O2O模式的盛行将会形成“三赢”的局面。

（1）对于商家来说，支付信息将会成为商家获知消费者信息的主要渠道，为商家提供大量的数据，进而保证能够实现精准营销。在数据的基础上，商家可以更好地为消费者提供服务，维护并扩展消费者。与过去的商业模式相比，通过线上资源而增多的消费者并不会增加很多运营成本，却能带来更多的收入。在O2O模式的支持下，商家摆脱了纯粹依靠地理位置的局面，在租金方面并没有太大的负担。

（2）对于消费来而言，依靠O2O平台能够获知更多及时、全面、丰富的折扣信息，在选择商品和服务时有更大的空间。

（3）对于商家来说，在O2O模式的支持下，能够拥有较大规模的消费者，并且使其具有很强的黏性。在这个基础上，商家可以争取到更多的消费者。在消费者数据资源的支撑下，凭借着O2O模式的先天优势，可以为消费者提供更多的增值服务。

O2O的优势就在于能将线下和线上完美地结合在一起，依靠实体导购机，实现地面店与互联网的完美对接，将互联网充分实践化。对于消费者来说，既能够享受线下最贴心的服务，还能享受线上最优惠的价格。同时，商家之间还可以在O2O模式之下建立联盟。

（1）O2O模式利用了互联网无边界、跨地域、海量用户、海量信息的优势，具有挖掘线下资源的能力，为线上用户与线下商品之间的消费搭建了平台。在此基础上，所有消费都是可以准确统计的，能够吸引更多的商家，从而为消费者提供更多、更优质的产品和服务。

（2）在服务业中，O2O具备很多优势，如价格便宜、购买便捷等。更为重要的是，用户能够及时获得最新的商家折扣信息，拉近了商家和用户之间的距离。

（3）在O2O模式下，可以对商家的营销效果进行直接的评估和跟踪，为科学、高效的营销提供指导。O2O拓展了电子商务的发展方向，由过去的规模化走向多元化。

（4）O2O模式成功打通了线下线上的体验和信息环节，使得信息对称，避免了过去的价格蒙蔽。

1.3　O2O 所包含的几个要素

O2O将会随着互联网而发展，是一个必然趋势，也是一种自然规律，摆脱了交易的边界性和线下的区域性，商品开始发展到交易的无边界和线上的无区域。无边界的交易与区域的体验是整个商业模式共和的基础。但是，线下无法吞并线上，线上也无法颠覆线下。商业发展起起落落，产业的换代会导致企业端的相互厮杀。

O2O必然包含四个要素才能完成一次整个行业的变革，而不只是某个形态。

1．体验式服务

什么才是体验式服务呢？体验，分为随性、随手、随意。一是随性而交互，线上商品即是内容，线下商品即是体验，内容与体验是两个方面。用户选择商品去搜集内容还是选择内容去体验商品，是一个自然过渡的过程。交易可以在线上或线下进行，而交互的引流才是最关键的。因为随性的核心在于体验式人性服务，是随手而为之，追踪用户轨迹，商品紧随着用户，根据需求去搭配，实现需求可变性。因此，O2O的商品会出现在任何场景中，如用餐时的等待购买体验、大型商场的流动购买体验及地铁、公交中的移动购买体验。用户的决定才是商业交易的起源，交易的决定权在用户手上，也只能由用户去决定，因而商品端应该对用户有足够的尊重。

2. 提升效率

在O2O平台，什么样的入口是最重要的？微信和Wi-Fi都可能是入口，交易的产生也是入口，商户端入口的选择决定了闭环。入口仅仅是一个点，需要关注运营、营销、时代等层面。用营销的方式获得用户，再用体验来获得用户的认同，通过O2O的连接，提升了交易的效率，为用户提供更加人性化的服务。

3. 关注数据

O2O的产生对企业端是一种解放，突破了以往的产能和商品需求，走向人性和数据需求。掌握用户的轨迹，通过数据分析出需求的商品是线上的主要盈利点，填补了线下运营模式的空白。单一的线上和线下都无法完成用户需求的跟踪分析，个体企业也无法进行数据的积累，而平台之间的共享成为根本。因此，关注数据是企业端在商业变革中必须要做的。

4. 对用户负责

O2O是一种服务、数据，也是效率，当然还包括盈利。只有产生了盈利，整个行业才会趋向于稳定和繁荣。用户在享受服务的同时，也在消耗着平台的成本。因此，盈利与需求之间应该达成一种平衡。以盈利为目的，对用户负责，实现线上与线下的融合，才是O2O生存的法宝。

1.4 国内主流的一些 O2O 模式

2015年，O2O呈现出爆发的态势，对企业运营产生了深远的影响。O2O的核心在于线上与线下的融合，更加注重用户的体验，因此缺失了线下体验，有可能会导致整个模式的失败。在国内，O2O模式主要有四种。

1. 先线上、后线下模式

先线上、后线下，即是由企业搭建一个线上平台作为入口和依托，导入线下商业流进行交易和营销，同时用户还能到线下享受该有的服务和体验。平台的建立是O2O运转的基础，必须具备促使线下线上互动的能力和超强的资源转化能力。

在O2O布局上，腾讯率先构建起大平台，并逐步建立O2O生态链条：以微信作为基础入口，以微信支付和腾讯地图作为支撑，联合本地生活服务，如大众点评、嘀嘀打车、高朋网等，逐步建立起线下和线上互动的闭环。

微信能够满足游戏、社交等需求，引导商业流，创造大众点评、嘀嘀打车、微信红包等场景。要想将社交场景转化为消费场景可能存在一定的难度，但微信具备的海量社交数据是不容小觑的，为整个腾讯商业流提供了丰富的源泉。在整个环节中，二维码、微信、地图是线下和线上的关键入口。微信扫描二维码、地图平台都是腾讯大力打造的入口。腾讯不断将“QQ彩贝”、“财付通”、“高朋网”等融入进来，并与王府井百货、海底捞、上品折扣等线下进行合作，进一步推动了腾讯O2O的发展。

2. 先线下、后线上模式

先线下、后线上，即是企业首先建立起线下平台，并以此为依托进行线下营销，服务于用户，再将线下商业流导入线上平台进行交易，形成线上和线下的互动闭环。在这种模式中，企业需要建立线上互联网平台和线下实体平台。主要的结构是：首先开实体店，再建网上商城，最后实现线上商城与线下实体店的连接。在这种O2O模式中，以苏宁为主的实体化企业居多。

苏宁云商拥有上千家的实体店，并逐渐合作和收购其他领域的实体店。在线上，建立自己的苏宁易购等网络平台，覆盖日用百货、传统家电、3C电器等品类。2011年，苏宁更加重视网络与实体店的同步运营。2013年的财报显示，苏宁云商销售额达到千亿元，同比增长近8% ，并且实现了线上与线下营业额的同步增长。最为突出的是，苏宁易购的销售额达到200亿元，同比增长逾40%。为了有效地应对潜在的商业挑战，苏宁云商采取破除组织壁垒、突破价格壁垒、搭建开发平台、突破体验壁垒等措施，保证其能够在O2O运营模式下占据有利地位。

3. 先线上、后线下、再线上模式

先线上、后线下、再线上，即是首先建立线上平台，采用多种方式进行营销，将商业流导入线下，以便用户享受服务体验，然后促成用户在线上进行消费体验或交易。在众多企业中，如京东商城等很多电商和团购都采用了这种O2O模式。

2013年，京东将企业发展的重点聚焦在O2O模式上。其主要的O2O生态链条为：首先建立京东商城，线下自营物流体系与很多实体店进行合作，促使用户能够享受线下的服务体验，再将用户导入到线上进行交易。

京东商城以自营为主，是B2C领域的标杆，也成为了京东O2O的起点和依托平台。2012年，京东与嘀嗒网、拉手网、满朋网合作，让它们进入其平台。接着，京东又与很多主流平台合作，不断导入外部流量资源，为京东O2O布局奠定了坚实的基础。

4. 先线下、后线上、再线下模式

先线下、后线上、再线下，即是首先搭建起线下平台，将线下商业流导入网上平台进行交易，再让用户享受线下消费体验和服务。在这种O2O模式中，一般会选择现成的或影响较大的社会化平台，如微淘、微信、大众点评网等。同时，还能与多个第三方平台进行合作，以便更好地实现自己的商业目标。在这种模式中，很多本地生活服务类O2O通常会采用这种模式，如棒约翰。

作为一家连锁餐厅匹萨品牌，在O2O线上订餐模式的支持下，突破了两位数增长，外卖量占到约三分之一。其主要的生态链条是：用户通过第三方平台或者线上APP获取棒约翰的信息，通过线上支付，然后到线下门店进行消费和体验。作为一家全球性的连锁餐厅，棒约翰拥有四千多家门店，成为其成功的基础。棒约翰一方面借助第三方平台引流，另一方面自建APP，融合线上和线下，打造自己的O2O闭环。在这其中，棒约翰做到了三个统一，即统一订单平台、统一用户体验和统一供应链。

1.5 大学创业，何不从互联网+校园开始

清华大学自主招生考题：“是休学创业还是毕业后创业？”再一次将大学生创业这个热点话题推向了高潮。至于大学生是否该休学创业这个事情，不管是提倡还是不提倡，都不能一棍子打死，其中确实不乏少数优秀者休学创业获得了一定的成就。但是对于大多数学生来说，休学创业确实不是一个明智的选择，至少对不起父母二十年来的养育和自己数十年的寒窗苦读，那么既不休学又同时创业有没有可能呢？大学生创业选择互联网+校园就是一个很好的方向与开始。

互联网+不仅仅只是在社会中流行，同样也如春风般吹拂着每一个大学校园，各种校园O2O也如雨后春笋般地拔地而起。针对校园O2O，有的选择从物流切入，有的选择从零售切入，还有的选择从社交切入，每一个不同的切入方式都诞生了一些不错的平台。他们共同撑起校园O2O这片天空。这些不同的模式也能给大学生创业一些很好地指导与借鉴。

1. 从便利店切入

校园大学生都是以90后为主的，这部分学生有个非常明显的特点，就是宅，而且是相当的宅。正是这个宅催生了校园懒人经济的火爆，以59store、宅米、8天在线、俺来也等为代表的自营便利店校园O2O平台纷纷崛起。这类平台有哪些成功经验值得大学生们借鉴呢？

其一，59store、宅米、8天在线、俺来也这四个都采用了自营便利店的模式，有几个好处：一方面，每个大学附近商品便利店的商品重合度较高，自营的话就只需要经营一些学生购买频次较高的商品就能轻松满足学生们的需求；另一方面，采用自营，就能直接从厂家那

里采购商品，可提升盈利能力和对商品的把控能力。

其二，学生的居住比较集中，对于零售配送来说就可以同时配送更多订单，节约了配送成本。59store和宅米通过采用自建配送+楼长代理人的方式；8天在线、俺来也则完全采用兼职学生配送的方式。8天在线会根据特定的排班系统进行配送；俺来也则借用了让学生抢单配送的方式，充分利用了学生兼职这个廉价的劳动力，大大节约了配送成本，同时学生帮忙配送也解决了有些大学宿舍零距离到达的限制。

其三，地面推广是O2O商品触达用户的重要通道，如果这条通道转化率极低，那么之前所有的工作将无法落地，借用学生配送的方式在某种程度上很好地解决了O2O线上线下融合和宣传问题。

其四，这类便利店抓住了学生们晚上庞大的零食需求，如59store就砍掉了日用品，专注做晚间零食业务，推出“夜猫店”品牌；宅米则规定楼长每天保证营业5小时，其中晚上9点到11点半的时间是硬性规定。

大学生选择从便利店切入到校园O2O需要注意哪些？

（1）如果采用自营便利店的方式，那么成本将会非常高，这对于很多在创业前期没有太多资金的学生们来说无疑是难上加难。当然如果前期有一定的条件或者拿到融资的创业团队，倒不用过多在意这些。

（2）便利店的商品毛利低，必须要建立在量大的情况下才有可能实现盈利。本来送货上门就增加了额外的人力成本，如果不能在规模上获胜的话，盈利将会十分困难。

（3）这种模式对于每一栋楼的楼长依赖性非常强，学生兼职的流动性往往都非常大，一旦该楼长出现合作突然终止的情况，平台就必须要在短时间内寻找新的楼长。管理庞大的校园卖家团队，还将会面临服务质量无法充分保障的问题。

2. 从物流切入

与便利店经营非常类似的平台还有以小麦公社、快快鱼等为代表的校园物流跑腿平台，与便利店平台不同的是没有自营的超市，只做商家的配送体系。

（1）这种物流配送的方式相比自营门店来说节约了成本，从模式上来说是一种更轻的模式，尤其适合大学生们零成本创业，毕竟大多数大学生在创业初期都缺乏最基本的启动资金。当然这种物流模式的利润率相对来说也大大降低了，主要靠向商家收取一定的跑腿费，想往这方面创业的同学们必须要做好吃苦的心理准备。

（2）从招人的角度来对比，便利店校园O2O所招聘的楼长代理开超市的模式，需要让楼长们囤货，这就需要楼长支付一定的囤货金。而物流校园O2O所招聘的学生跑腿人员则完全不需要支付任何费用，更容易被学生们所接受。创业起步期，学生团队只需要依靠自己的几个合伙人就能满足校园需求。获得一定的发展之后，团队就可以按照嘀嘀快的抢单的方式发动校园人人快递模式，招聘到一些长期有意做兼职快递的同学。

（3）不管是今天的京东商城，还是顺风优选，其实都是建立在自身强大的物流团队基础之上的。这种校园物流的最终目的并不只是局限在物流配送上，是试图通过借助物流作为突破口，为未来进军校园电商这个市场更大的垂直领域做准备。大学生虽然每个月的花销并不是很多，但是却有相当一部分女孩子都把花销花在了网购上。抓住了这个市场需求，未来市场机会充满想象。

3. 从水果切入

说到从大学便利店O2O转型成高校水果O2O平台的奇怪果园，也在2015年3月初拿到了千万级的A轮融资，从百货便利店转型到水果，奇怪果园专注到了更垂直的领域。对于奇怪果园的这种转型，有几大优点值得借鉴：

（1）零售针对的主要对象为屌丝宅男，而水果的消费主力军则是来自高校的萌妹子们，且水果的利润空间相对来说要比零售食品更大一些，这对于奇怪果园能否在前期实现盈利至关重要。对于大学生创业来说，创业初期能否盈利对于团队长远的发展具有非凡的意义。

（2）奇怪果园的水果不是到水果市场进行采购，而是直接通过与果园原产地直接合作，既保证了水果的新鲜，同时也确保了水果的价格相对便宜，得到了众多萌妹子们的认可。其实在国内做社区生鲜配送的平台非常多，很多平台之所以会失败，主要就是因为败在了生鲜的供应源上，既不能保证水果蔬菜的新鲜，又不能保证质量是否可靠。

（3）在创意营销上面，奇怪果园采用呆萌的奇怪吉祥物小喵和特殊活动策划。奇怪吉祥物小喵的微信表情、手机壁纸等得到了学生们的自主传播，尤其受到了众多萌妹子的喜爱，从而牢牢地抓住了这一特定人群的需求。

但是对于大学生创业做水果配送来说，也需要承担一定的风险：

风险一，水果不同于普通的零食产品，是一种快消食品，如果不能在短时间内销售出去，损耗将十分大。这既要求大学生们在水果冷藏上需要下一定的功夫，无形之中增大了成本，同时也要保证水果能够快速卖出，增加了销售压力。

风险二，水果的这种特殊性，也就决定了创业初期的学生们每次水果的采购量不能太大，直接向水果原产地采购的话人家不一定愿意合作，但是如果去水果市场采购，价格成本也就会随之上升，水果的新鲜度也无法保证，这样也会影响水果的销量。

4．从金融切入

从分期付款切入到校园O2O的平台同样非常多，且有部分平台都拿到了融资并获得了良好的发展，诸如分期乐、趣分期、优分期、分期宝等，做得最大的当属趣分期。

首先，大学生是一个消费庞大的群体，尽管从收入上来说资金实力比较弱小，但并不代表消费能力就不行。校园分期消费则恰巧满足了大部分学生想要购买却暂时因为资金而无法购买的需求，也正是因为这个庞大的需求催生了分期消费在大学校园里如火如荼。

其次，对于趣分期这种大型的校园分期购物平台，还支持学生们在趣分期开店，售卖零食、百货等各类日常消费品，把学生们拉入到自己的平台上来，这对于趣分期在营销推广上将节省一笔巨大的开支，同时也能达到更好的宣传自己，毕竟借用学生们的力量宣传比自己直接去宣传要容易被学生们接受。

最后，从商品配送上来说，通过利用趣店的这种模式，学生们根据需求能找到自己想要的各种商品，如洗发水、方便面等，几分钟后就会有人送货上门，而送货的人员正是开趣店的该校学生。从物流角度上来对比，这种趣店模式相比其他电商平台的优势也十分明显。

当然，这种分期消费的校园电商平台其实还是有相当大的风险的，对于创业的大学生们来说绝非易事。

（1）学生们都是没有收入来源的消费群体，每个月基本上只有父母所给的生活费，一旦该学生在某平台上所购买的商品远远超出了学生的负荷能力，平台就需要承担一定的资金风险。

（2）从竞争的角度来说，京东推出了白条，支付宝也推出了花呗等先消费后还款的金融产品，巨头的介入对于校园分期消费平台定然也会产生一定的冲击。

5. 从社交切入

说到校园社交，可能很多人都比较熟悉超级课程表、课程格子等基于课程类的社交平台，但是它们的最终目标却远远不止于社交，而是要基于这个社交做校园的58到家，如各类校园代理跑腿、零食送货上门等。那么校园社交平台切入到校园O2O优势何在呢？

优势一，通过社交作为切入口，能够让平台积聚大量的用户，有了这个用户作为基础，平台就很容易打进校园O2O市场。如果是自营门店，只要商品供货没有问题，就不会没有人购买；如果是开放平台，与校园周边商家合作，相信庞大的学生用户基础能够很轻松地吸引到这些商家加入到平台上来。

优势二，从社交的O2O角度来说，原本线上的社交却可以通过周边的餐饮、电影院等到店消费打通平台的社交线上线下融合，与周边生活服务的融合也在一定程度上促进了平台的社交发展。

但是一个校园社交平台要完成到校园O2O的成功转型并没有那么容易。

一方面，社交平台的核心毕竟还是在社交方面，基因的因素导致很多人选择这个平台并不是为了消费，而是与人交流，用户在社交平台的消费习惯培养需要一段很长的时间。

另一方面，校园社交转型做校园O2O同样也需要面临微信、陌陌等社交巨头的竞争。之所以超级课程表、课程格子能够在社交上赢取一部分用户的认可，是因为它们抓住了大学课程兴趣社交这个细分的垂直市场。但是O2O却不一样，微信、陌陌所推出的O2O同样也能覆盖到所有大学校园。

此外还有此前通过会员卡切入到校园O2O的校联购，不过它们已经转型成为了一个大学校园兼职平台。在校园O2O领域运作得最为成功的还当属外卖O2O饿了么平台，不过这个领域已经成为了巨头们厮杀的战场，大学生们此时进入已经没有什么机会了。

总体看来，整个校园O2O市场尽管存在一定的挑战，但还是具有非常大的机会，更何况哪一个创业不需要面临挑战呢？大学生们完全没有必要中途休学出去创业，可以利用自己在学校的优势和资源来进行与校园O2O领域相关的创业。

1.6 马云二度狂砸 60 亿元为哪般

提到马云，可能很多人都会想到金融和电商，马云挥三尺刀锋，左手创建了蚂蚁金服，右手打造了阿里电商。PC互联网时代，在中国的互联网金融和电商领域，没有谁能成为阿里真正的劲敌。但是到了移动互联网时代和智能时代，鹿死谁手尚未可知。

先是阿里巴巴联合蚂蚁金服投资60亿元扶持了口碑网，全面吹响了阿里O2O冲锋号，随后阿里巴巴又战略增资阿里云60亿元，外界对于马云这两次紧密的60亿元注资也有过不少解读。

1. 战略增资阿里云60亿元，马云有三大目标

说到阿里云，可谓是动作频频，先是在北京召开了一场盛大的阿里云分享日×云栖大会·北京峰会，得到了业内外人士的一致称赞，尤其是得到了不少互联网创业者的集体拥戴。随后阿里云又宣布与用友达成战略合作，未来双方将在云计算服务、电子商务、大数据、数字营销等领域深度合作。更让外界有些意外的是，阿里巴巴集团又战略增资阿里云60亿元，足见阿里云对于阿里集团的重要性。对于此次阿里集团战略增资阿里云60亿元，马云有三大目标。

第一大目标：全球化

大家都知道，2015年以来，阿里云已经成为了国内第一大政务云，在谷歌、亚马逊、微软等众多国际云竞争对手介入的情况下，阿里云依然获得了突飞猛进的增长速度。2015年年初，阿里云的市场份额接近25%，仅仅几个月后，就已经超过了30%的市场份额，再加上接连10多个省级政府部门相继与阿里云达成的战略合作，阿里云在国内政务云的市场地位已经无人能撼，眼下的阿里云急需要全球化。

阿里云服务国外市场的数据中心有三个：硅谷辐射整个北美；香港辐射东南亚；迪拜辐射整个中东。但是相对于亚马逊AWS的全球化扩张速度，阿里云还是要稍稍落后，阿里云与亚马逊同时依托自家庞大的电商体系而壮大了自己的云计算，未来在全球云计算方面，两者是最大的劲敌。阿里云在国内市场已经站稳了脚跟，想要击败亚马逊AWS，就必须加速全球化，抢占市场。此次阿里集团战略增持60亿元，有相当一部分资金就是用于阿里云拓展国际市场。

第二大目标：打造DT生态

很久以前，马云就曾说过，全球互联网正在从IT时代迈向DT时代。马云提出DT时代时表示，IT时代是以自我控制、自我管理为主，而DT时代是以服务大众、激发生产力为主。这两者之间看起来似乎是一种技术的差异，但实际上是思想观念层面的差异。未来的一切都离开不云计算和大数据，而阿里云要做的，就是打造一个DT生态体系，让云计算变得更加简单，让计算成为世界的能力，让数据成为经济的动力。

在阿里云分享日×云栖大会·北京峰会上，阿里巴巴向全球合作伙伴发布了DT生态路线图，此次阿里集团战略增资阿里云60亿元的第二大目标就是要全面打造DT生态。阿里云将继续专注于云计算基础设施的研发，向合作伙伴输送云计算和大数据能力，帮助更多的传统企业转型，同时服务好小企业和互联网创业者们。

阿里云的DT生态将涵盖在线教育、安防监控、视频直播、在线对战游戏、卡牌游戏、棋牌游戏、车联网、智能家电、新能源、酒店、商场零售、Wi-Fi、在线咨询问诊、健康穿戴设备、在线药品销售等30多个领域，涉及到人们生活的方方面面。

第三大目标：再造数个阿里巴巴

在云计算、大数据领域，阿里云不会选择单打独斗，从这一次与用友的合作就完全可以看出阿里云开放的心态。阿里云正在广泛地寻求合作伙伴，从浪潮信息、天玑科技、东软集团等，阿里云计划未来三年，全球合作伙伴将扩大至2000家。阿里云将要再造数个阿里巴巴。

此次阿里集团战略增资阿里云60亿元，也是阿里云全面提速拓展合作伙伴的开始。2015年，阿里云对外宣布了与新天科技的合作，双方将共同打造智能水务平台，围绕智能水务行业的发展趋势，在智能水表、管网检测、水厂自动化生产建立大数据服务平台，实现数据共享，帮助自来水企业提高供水收益率，让供水企业的管控更轻松、更智能，为用户创造更大的商业价值。

云计算在每一个行业领域都拥有巨大的机会，仅仅依靠阿里云一家的力量是很难改造升级的，从阿里云开放合作的心态来看，阿里云在帮助别人的同时也成就了自己。DT时代，阿里云的产值规模必将会成为当下的数个阿里巴巴市值的总和。

2．注资口碑60亿元，马云有四重考虑

移动互联网时代，O2O成为了传统企业转型互联网的最佳契合点，阿里巴巴作为国内互联网的老大，不可能会错失一个如此好的机会。马云此次决定注资口碑网60亿元有以下四重考虑。

第一重考虑：回应百度

百度李彦宏宣布3年内将会对糯米业务追加投资200亿元人民币，无疑是向外界宣告了百度全面进军O2O的决心，同时也是向阿里、腾讯、美团发出的一个挑战信号。阿里巴巴此前就已经在淘宝本地生活服务、淘点点等多个O2O方向发起了进攻，面对来势汹汹的百度，阿里巴巴不可能放任百度一家抢尽风头，必须采取回击措施。

战略注资口碑网60亿元，蔡崇信出任口碑网董事长，同时推出支付宝9.0版本全面打通口碑网，并在手机淘宝开放入口等系列动作无疑是对百度追加百度糯米200亿元的最好回应。马云要发出一个声音：O2O不仅仅只有百度，还有强大的阿里巴巴。

第二重考虑：捍卫支付宝

蚂蚁金服所有的理财产品，诸如招财宝、娱乐宝等都是通过支付宝作为入口的。可以说，蚂蚁金服今天能够估值达到500亿美金，支付

宝是最核心的支柱。但是支付宝能够做到今天的用户规模，并成为全球第一大线上支付平台，淘宝、天猫等阿里庞大的电商体系功不可没。

移动互联网的到来，O2O的兴起也给移动支付带来了新的机会与变数。O2O作为一个交易平台，与第三方支付甚至有着唇亡齿寒的紧密关联，没有第三方支付，O2O无法打通交易闭环，而没有O2O，第三方支付也无法进一步发展壮大。无数新的O2O平台正在兴起，支付宝要想继续保持在互联网金融的王者地位，就必须要拥有O2O平台的支撑，这一点从滴滴快的背后的支付宝、微信支付大战中就完全可以窥见。

注资口碑网60亿元并接入支付宝，构建支付宝的生活消费场景，同时将淘点点迁移到口碑网外卖，毫无疑问，马云也是在捍卫支付宝。

第三重考虑：警示美团

说起阿里巴巴和美团的关系，外界对此也一直都是猜疑不断。按照此前美团王兴的说法，阿里巴巴手中握有美团10%～15%的股份，具体多少从未对外公布，但是美团却一直都是独善其身，坚持独立发展，随着O2O的全面兴起，美团作为团购老大，其江湖地位自然也大幅提升。

阿里巴巴如果想要成为O2O巨头，那么控股美团是阿里的上上策。但是据美团内部人士透露说："美团未来可能会考虑让阿里巴巴增资，但王总（王兴）不太可能会让阿里巴巴来控股美团。"虽然从表面上来看，这种回答比较模棱两可，但实际上非常坚决地表明了：美团是不可能让阿里拥有绝对的控股权的！

但是阿里毕竟是巨头，马云也有的是招。此次注资口碑网60亿元，马云就是看准了美团在资金上难以跟BAT抗衡。马云告诉美团也是警示美团：阿里完全自己做O2O了，对控股美团也没有太大兴趣了，百度有糯米、腾讯有大众点评，等到你跟BAT烧钱大战资金运作上困难的时候必然会有求于阿里。

第四重考虑：安抚O2O团队

对于阿里来说，O2O战场可不像电商领域那么轻松，自己一家独大。腾讯有58同城、大众点评、饿了么，百度有手机百度、百度糯米、百度地图，阿里有手机淘宝、支付宝、UC浏览器、高德地图，美团有猫眼电影、美团外卖、美团酒店，其他每一个垂直细分领域也正在涌现出越来越多的O2O小巨头。眼下的O2O格局正处于多强争霸的时代，阿里要想称霸整个O2O市场，其内部的O2O小伙伴们必然压力重重。

面对百度追加百度糯米200亿元，阿里内部的O2O小伙伴们也定然会有所焦虑。为了显示集团对O2O的重视，同时也是鼓舞内部O2O团队的士气，马云注资口碑网，整合手机淘宝、支付宝，全面进军O2O势在必然。

总体看来，注资口碑网、增资阿里云，马云这两次的60亿元都具有深远的战略意义。O2O让外界看到了一个可怕的阿里巴巴，阿里云则让外界看到了一个令人恐惧的阿里巴巴。

第 2 章　O2O 入口之争，谁才是未来掌舵者

地图

智能+语音

公众号

团购

地图如何破解 O2O 魔咒

O2O这把大火烧了好几年了，也涌现了大量的垂直O2O公司，从打车、美甲到洗车等各个领域都冒出了一些优秀的创业公司。与此同时，BAT等巨头们也不约而同地把眼睛盯向了O2O，不同的是巨头们都有着一个共同的O2O平台梦。围绕着O2O这个入口的争夺战也已经持续了几年，从2015年的格局来看，主要有四类不同的模式。它们之中未来极有可能会凸现出一个O2O综合巨头。

2.1　地图

说到地图，是所有O2O应用当中最不可缺少的一个场景，尤其是位置服务。从某种角度上来说，没有了位置服务，O2O根本就无从谈起，也正是因为地图的这种特殊性，让其成为所有O2O的入口打下了深厚的基础。高德地图、腾讯地图、百度地图都在积极努力地为其他O2O应用打造位置服务。而与此同时，百度地图也正在借助自身的优势资源在努力打造一个O2O巨无霸。

首先，百度地图作为国内地图导航中市场份额最高的地图APP，在手机端拥有超过4亿的用户，这让其抢占O2O入口积累了大量的用户基础。对于很多用户来说，他们使用百度地图不仅仅只是导航，在搜索餐厅、KTV、电影院等商铺位置时，最先想到的也会是百度地图。

其次，在打造生活O2O服务生态圈方面，百度地图除了直接给商家开放了申请入口之外，同时还通过自家百度糯米、百度外卖打通了生活服务的消费环节。此外，百度地图还借助自家的手机百度钱包打通了移动支付闭环。

其三，从商家资源的角度上来对比的话，百度地图所积累的商家资源可以说超过了其他任何平台，这对于其打造一个强大的O2O入口平台也创造了一定的必要条件。只要打开百度地图进行搜索，即便是在比较偏远的地区，也能在百度地图中找到想要的各种服务场所。

其四，百度地图通过为其他的O2O平台提供位置服务，也为自身积累了来自各个服务领域大量的用户行为、消费习惯等数据基础。大家都知道，百度在大数据分析上面有着极大的优势，通过帮助其他平台提供位置服务而建立的O2O用户数据分析，将为百度地图打造O2O

入口保驾护航。

不过百度地图作为一个地图服务商，在打造O2O巨舰之时还是有很多障碍需要克服的。

障碍一，大多数人使用百度地图，往往都是在导航的时候或者找不到自己位置的时候。从O2O消费数据来看，很少有用户在直接进行O2O消费时会想到百度地图，如何培养用户在百度地图上的消费习惯对于百度地图来说是最大的一个障碍。

障碍二，百度地图虽然接入了大量的商家资源，但是除了与百度糯米和百度外卖合作的商家之外，其他都只是为用户提供了商家的位置服务而已，并没有与所有的线下商家达成O2O服务合作，要想真正成为一个O2O平台，就必须要打通与所有商家的合作，为其导流。此外，百度钱包也要加快打通线下商家的支付闭环。

障碍三，百度地图的数据服务都是来自于四维图新，而腾讯对四维图新的投资却在一定程度上对百度地图造成了威胁。不管怎么说，百度地图在地图基层数据上始终都受制于人，这对于百度地图打造O2O平台将会形成对其他公司的依赖性。

2.2　智能+语音

对于O2O这个巨大的生活服务所带来的机会，很多智能硬件和软件都在设想要抢夺这一入口，其中以智能+语音作为突破口表现得最为突出。硬件方面，如小智音箱，除了想连接一切智能家居产品之外，还想连接一切生活服务；软件方面，据业内人士了解，有一家入驻腾讯（海南）众创空间的创业公司——事事帮在这方面表现出了极大的野心：用智能+语音连接人与服务！它们做的产品事事帮语音助手定位是连接人与服务的服务社交平台。

第一，事事帮语音助手1.0版本通过人机交互系统把用户和提供服务的商家紧紧地联系在一起，通过用户语音输入就能找到自己想要的各类周边服务，包括订机票、看病、家政等。事事帮通过与携程、大众点评、饿了么、挂号网等垂直O2O平台达成战略合作，为用户提供生活服务。

第二，事事帮向用户推送服务功能是建立在大数据分析基础之上的，尤其是即将上线的2.0版本，能够通过推送功能直接把用户的需求发送到相应职业的服务者那里，这样会跟滴滴打车的司机一样形成抢单的局面，抢到单的服务者可以跟用户在线沟通，达成交易，这样便有了服务社交功能，可以增加活跃度。

第三，通过借助与其他O2O平台的合作，事事帮能够在前期积累大量的O2O商家和个人服务者资源，为用户提供一站式服务。在全国涌现出了各类垂直O2O平台，但是对于大多数的手机用户来说，都会有着多种服务需求，手机也不太可能预装数十个O2O服务应用。事事帮这种综合型的O2O平台把所有的垂直O2O都集合了起来，也就满足了消费者的多样化需求。

事事帮作为一家小型的创业公司，想要与巨头们共同争夺这个O2O入口，在很多人看来，确实是有些不自量力，但它们通过自己的核心技术：人机交互系统把O2O各种垂直领域的资源整合到一个平台上来能够形成相当的竞争力。当然要做大做强，事事帮这样的创业型公司还有很长的一段路要走。

（1）无论是从资金，还是从人才等各面的实力上来说，事事帮都难以跟巨头们PK。尤其是在品牌认知度上面，事事帮还只是一个无名小卒，用户量不够，缺乏强大的用户作为基础，事事帮想要打造O2O平台也就任重而道远。

（2）事事帮上线的1.0版本在产品体验上还存在诸多不足，有很多功能并不完善，还只能算是提供分类信息，如何能够在新版本中，从技术、界面设计、功能体验等多方面进行提升，对于事事帮来说也是一个非常大的挑战。

（3）对于事事帮来说，还有一个最大的风险就是最终有可能只是为垂直O2O巨头们做了嫁衣裳。拿团800举例来说，在千团大战之时，团800通过打造团购导航很受用户欢迎，也赚取了大量的广告费用和佣金，但是随着美团、大众点评和百度糯米三足鼎立局势的确立，团800也就失去了自身存在的价值。也许事事帮前期只是想借助垂直O2O发展壮大自我，借助黏性的用户最后摆脱对垂直O2O的依赖，自己耕耘线下商家。

2.3　公众号

说到连接一切服务，百度推出了直达号，支付宝推出了服务窗，微信也推出了公众号，三大巨头在打造O2O服务入口上也是争夺得异常激烈。不过从2015年的形势来看，微信公众号还是要略占优势。

（1）从所有的移动应用用户活跃数量上来看，微信可以说是国内移动应用当中最大的一个超级巨无霸。正是这个强大的活跃用户基数，让大量的O2O微信公众号通过自身的运营都积累了大量忠实的粉丝，有了这些粉丝作为基础，O2O公众平台也就能够获得不错的发展。已经有相当一部分垂直O2O平台通过微信公众号发展壮大，并获得了多轮融资。

（2）从互动的角度来看，微信公众号尤其是服务号，能够实时与用户进行在线沟通交流，并为用户提供相应的服务，正是这种互动性增强了用户的黏性。同时，微信还为公众号开放了微社区，进一步增强了公众号粉丝的活跃性。

（3）微信针对公众号正在不断开放新的接口，能够让公众号开发者只需要通过 H5 就能开发出一个功能强大的“移动 APP”，这对于很多创业团队来说，将节省大量的资金、人力、时间等成本。尤其是随着移动 APP 的推广，成本越来越高，很多用户都不愿意给手机安装过多的移动应用，微信公众号对于创业者们来说也就变得越来越重要。

从腾讯的马化腾提出微信连接一切到现在，微信除了在连接人与人上面比较成功之外，在连接人与服务、人与机器等上面并不是很成功，原因主要有以下几个方面：

（1）微信公众号由于都是单个的服务号或者订阅号，在存在形式上比较分散，用户选择服务要关注不同的公众号，同时用户并不知道哪一家公众号的O2O服务做得好，不知道要关注哪个公众号，如果是单个的商家公众号，那就更麻烦了，用户想关注都关注不过来，所以用户在选择和服务对比上会存在一定的盲点。

（2）微信公众号在用户体验上和部分功能开发上相比移动APP还有一定的差距，对于用户体验至上的O2O平台来说，是不愿意把重心放在微信公众号上的主要原因。

（3）从很多垂直O2O应用看来，完全把重心放在微信公众号上面，就会为微信平台形成绝对的依赖性，一旦未来某一天微信的活跃度出现了下降，那么这个垂直O2O平台也将面临生死存亡的危机。

2.4 团购

团购市场能够如此火爆，完全是借了O2O的东风，几大团购网站也正在开始全面转型O2O，尤其是野心勃勃的美团，称霸团购之后，企图再次称霸整个O2O市场。

首先，对于美团来说，这几年在团购领域的发展积累了大量的线下商家资源、线下地推人员，为拓展O2O服务打下了扎实的功底。就拿外卖来说，美团外卖之所以能够在短时间内对饿了么形成巨大的威胁，就是因为这个深厚的根基。

其次，从用户消费习惯上来说，团购网站打造O2O平台也具有极大的优势。本身团购就是O2O消费的一种表现形式之一，美团所积累的团购消费用户群就更容易直接转化为O2O用户，这也就不难解释为何诸多垂直O2O平台都愿意与美团达成合作。

最后，从O2O运营上来说，5年多的时间在团购领域的摸爬滚打，让美团在O2O服务的运作上已经得心应手。相对于其他平台来说，美团在O2O领域已经算得上是一个作战经验丰富的老手了。

当然，要想从团购第一巨头直接过渡到O2O第一巨头，美团也将面临相当大的困难：

困难一，在美团，最大的消费主要集中在电影、KTV、餐饮上面，这几大消费比较适合团购，消费频率也非常高。其他的生活服务类消费在美团上的消费频次并不是很高，如用户按摩，可能会想到各类按摩 O2O 平台；看病可能会选择春雨医生这类垂直平台，这将导致美团很多的 O2O 消费领域意义并不是很大。如何扩大其他生活服务品类的消费，对于美团来说将会是一个比较严峻的挑战。

困难二，美团所推出的生活服务消费都是针对团购这类促销的形式，一旦全面开放O2O，就会在价格上与团购形成一定的冲突，从而导致很多商家不参与团购合作，它们更愿意选择O2O合作形式，这将有可能导致美团最核心的竞争力丧失。

总体看来，传统行业转型互联网已是大势所趋，谁掌握了O2O入口，谁就掌握了传统行业的未来。地图的优势在位置服务上；智能+语音的优势在语音和大数据分析上；公众号的优势在粉丝；美团的优势在用户消费习惯。但是它们又都有着自身的局限，眼下谁也无法预料哪一种方式才是最后的赢家。

2.5　地图如何破解 O2O 魔咒

说起来倒也非常奇怪，不论是团购平台还是垂直类O2O，所有的O2O服务都离不开地图的LBS定位，可是地图却至今无法成为O2O的入口。按照逻辑的思维角度来推理，拥有定位及附近导航功能的地图应该是最直接的O2O入口，相比行业老大百度地图持续发力O2O，老二高德地图干脆放弃O2O，老三搜狗地图、老四腾讯地图对O2O不冷不热来看，地图似乎陷入了O2O的怪圈。

主要的问题是“地图＋O2O”的逻辑入口到底在哪里？百度发布的第二季度财报第一次披露的电商化交易数据显示，百度糯米、百度外卖和去哪儿交易额共计达到了405亿元，比2014年同期增长了109%。而百度GMV之所以能够获得如此快速的增长，主要得益于手机百度和百度地图这两大移动入口。

从百度公布的财报数据可以看出，百度地图实际上已经成为了百度O2O的最大支柱。但是地图本身能否成为O2O的巨头，就需要找到一个撬动O2O的支点。

1. 地图O2O的过去

（1）百度地图生态已建设好，用户消费习惯有待培养

从四大地图用户数量来对比，百度地图的用户数量最多，其市场份额也远远超过其他三家的总和。百度地图已经把附近商家搜索、百度糯米团购等各类O2O生活服务打通，同时接入百度直达号，并通过百度钱包完善了整个地图O2O的生态体系。从整个生态建设的角度来看，百度地图成为O2O第一入口的可能性非常大，可是为何百度地图至今仍然没有成为用户选择生活服务消费的首选平台，主要原因有以

下几个方面：

一方面，从用户的角度来看，几乎所有的用户都还只是把地图当做一个地图导航的工具，并没有把它当做是一个附近生活服务的消费平台。比如用户选择看电影，可能会想到美团猫眼、百度糯米，选择美食，仍然可能会想到大众点评，很少有人会想到地图，基于地图的生活服务消费习惯还远远没有培养起来。

另一方面，百度地图没有找到一个好的切入口。百度地图的生活服务非常多，可是却并没有找到一个能够适合百度地图且能够带动其他O2O消费的切入口，一旦这个切入口找到了，百度地图就找到了撬动整个O2O的支点。

（2）腾讯地图的使命就是服务于微信

腾讯地图的前身是SOSO地图，从腾讯地图的布局来看，并没有进军O2O的意图，但这并不代表腾讯地图没有这个野心。

第一，从用户数量的规模上来对比，腾讯地图远远落后于百度地图和高德地图，缺乏强大的用户基数，想打造一个O2O平台，很显然不现实。所以对于腾讯来说，就是做好地图服务，找到差异化，从而在整个地图市场中抢到更多的市场份额。

第二，腾讯之所以要打造地图，最根本的动机就是要为整个腾讯系产品提供LBS支持，以免在O2O的布局上受控于百度地图和高德地图，尤其是从腾讯入股四维图新来看，就知道是想借助四维图新的数据来服务于整个微信体系。

第三，从腾讯地图进军街景地图来看，透露了未来进军O2O的野心。通过街景地图，用户通过在腾讯手机地图上查找附近的美食、酒店等各类生活服务后，不仅可以找到酒店、饭店的位置，还可以直接通过街景地图查看店铺门前的实景。实景可以让用户对店铺有一个初步的认识，帮助用户在寻找的时候更有针对性，不容易错过，与微信结合可完善O2O的生态布局。

（3）搜狗地图对于O2O敢想不敢做

相比腾讯地图强大的实力而言，搜狗地图要想做O2O就更加尴尬了。其实搜狗地图只是想做而不敢做罢了。

其一，搜狗地图与腾讯地图面临着同样的困境，就是用户规模和市场份额太小了，对于拓展O2O平台是极为不利的。所以，搜狗地图只能通过用户在地图导航的体验上来下功夫，走“小而美”的路线，以此来吸引更多的用户。

其二，百度地图、高德地图、腾讯地图分别来自BAT，搜狗地图相比它们而言，在资金实力上远远不是对手。而O2O是一个烧钱的行业，需要大量的地推团队和完善的生态体系做支撑，对于资金实力并不是很雄厚的搜狗地图来说，进军O2O无疑会是雪上加霜。

2. 地图 O2O 的现在

从整个地图O2O的市场来看，只有百度地图依然在坚持布局O2O。百度地图推出了顺风车。百度地图上线顺风车业务，是寄望于通过自身顺畅的场景带入、专业的数据和导航及完善的服务生态，为用户提供全新的顺风车O2O体验。从百度地图推出顺风车的动作来看，其意图是借助出行这个最符合地图O2O的消费习惯作为突破口切入到整个O2O生态。那么，顺风车能否成为百度地图撬动整个O2O的支点呢？

（1）在推出顺风车之前，百度就已经接连投资了51用车和天天用车等拼车应用，这对于百度地图推出顺风车业务积累了超过4000万的潜在车主。

（2）百度地图在国内的市场份额已经达到了65.2%，具有绝对的领先优势，活跃用户数量已经超过3亿。使用百度地图的用户基本上都会有出行需求，这些用户转化成顺风车用户的可能性非常大。

（3）百度地图在出行上具有天然的优势，同时对于很多出行的用户来说，手机上并不需要安装那么多的用车APP，可在使用地图导航的同时完成搭乘服务，这是大多数用户都乐意接受的。相比于其他叫车平台，在叫车服务中打开地图查询目的地和路线规划，再打开用车应用的割裂体验，百度顺风车可以实现在查询地点时嵌入用户服务，一步到位，更加符合用户的出行习惯。

（4）百度顺风车还有一个非常大的优势就是百度大数据，通过借助大数据分析，深入挖掘车主与乘客的供需关系，实现合理调控，大大提升预约和接单的成功率。同时，百度地图还会结合实时路况、导航路线等多种因素综合计算出最合适的路径，有效提高行车效率和车主利润，节省乘车用户的时间。

与此同时，百度地图要想借助顺风车撬动整个O2O市场也面临着一定的挑战。在整个顺风车领域，基本上是百度地图顺风车和滴滴顺风车两大竞争对手在唱主角。滴滴快的在打车市场拥有绝对领先的优势，拥有庞大的打车用户基数，这些打车用户不排除有相当一部分会拥有拼车需求，百度地图顺风车面临来自滴滴顺风车的挑战压力会不小。

3．地图O2O的未来

从高德地图全面进攻LBS服务、搜狗地图全面提升导航定位用户体验、腾讯地图大力推动城市街景服务来看，它们的目的都是要巩固自身在地图市场上的差异化服务优势，从而与百度地图抢夺市场，最终与百度地图较量O2O市场。

百度地图已经完成了整个O2O生态产业链的布局，借助百度顺风车的O2O服务作为突破口。百度地图在整个O2O市场很可能即将迎来爆发性的增长。未来，百度地图将与以下几大平台共同逐鹿整个O2O市场。

第一，分类信息平台。百度豪掷22亿元投资了百姓网，再加上此前腾讯投资58同城及58同城与赶集网的合并，58到家强势推出，分类信息平台进军O2O正在被巨头们纷纷看好。

第二，团购平台。美团、百度糯米、大众点评作为团购市场的三强，凭借着过去积累的商家及用户资源，团购平台被认为是进军O2O市场非常有生命力的一支力量。

第三，支付宝和淘宝阵营。从阿里巴巴联合蚂蚁金服60亿元扶持口碑网来看，阿里是铁了心要大举进攻O2O，在新版的支付宝中，已经引入了社交功能，接入了淘宝电影和口碑网的周边生活服务。

第四，手机百度。手机百度推出的直达号在连接商家与用户方面也是一支不可忽视的力量。手机百度在移动端是月活跃用户数仅次于微信和手机QQ的平台。

第五，微信平台。微信平台打造O2O入口主要借助微信公众号。微信钱包这个入口的意义并不大。微信公众号都是分散的各类商家，没有一个统一的入口，不利于整个微信O2O生态的打造。但是微信作为移动端第一强入口这个优势是其他平台所无法PK的。

算上地图，这六个平台会是未来O2O市场逐鹿的六支主力力量，优势明显的地图和团购这两个入口的胜算将会最大。

第3章 生活服务类O2O

资本仍热衷摄影O2O，较量刚刚开始
O2O兴起，互联网+摄影遍地黄金
按摩O2O，上门与到店的角逐
上门推拿，谁才是主宰者
百花齐放的美业O2O，戏越来越好看
教育O2O进入红海,传统教育难以为继
母婴O2O大潮下，谁能率先冒出头尖
美团收酷讯与携程杠上,酒店变天
论O2O电影的持久战

近几年，各类O2O网站纷纷崛起，从美团、糯米等生活服务类O2O网站开始，到一些零售电商类，再到如今遍地开花的各种垂直细分服务行业O2O，如按摩、美甲、摄影等。在北京中关村创业大街的各个创业咖啡馆里，几乎每天都能看到一些创业团队在讨论着时下最为火热的O2O市场。

3.1　资本仍热衷摄影 O2O，较量刚刚开始

2015年上半年，摄影O2O平台美时美刻获得了1.2亿元人民币（约为2000万美金）的融资，再次刷写了该行业新的融资记录。美时美刻的融资也表明了资本市场对于摄影O2O行业的热衷。除了美时美刻之外，此前已有多家摄影O2O平台，诸如约约、约拍啦等都已获得了较大融资。

在传统影楼越来越不景气的今天，各类摄影O2O从不同的垂直细分领域切入，并纷纷崛起。与此同时，一些综合类的摄影O2O也意图称霸整个摄影市场。垂直细分领域的摄影O2O最终也将面向整个摄影市场。它们之间围绕着互联网+摄影的较量才刚刚开始。

1. 具备上门服务天性的亲子摄影

从亲子摄影切入的O2O平台有约拍、童颜有迹、美时美刻等平台。不同的是，约拍、童颜有迹主要针对亲子摄影的上门（包含第三方地点）服务，美时美刻支持到家拍摄的同时还支持影棚拍摄。从亲子摄影切入到O2O市场主要有以下几大优势。

优势一，从需求的角度来看，亲子摄影是仅次于婚纱摄影之外的最大拍摄需求。但是与婚纱摄影不同的是，婚纱摄影的消费频次并不高，几乎大部分人一生只会有一次。而亲子摄影却是一个消费频次相对来说比较高的垂直细分摄影领域，很多父母都心疼自己的宝宝，希望能够给宝宝拍摄更多小时候的不同写照，而且父母往往都舍得给自己的孩子花钱。

优势二，从用户的特性来看，由于孕妇行动不便利、新生儿刚刚满月或者刚满百日，到店拍摄都不会特别方便，就会导致亲子摄影更适合上门服务，摄影 O2O 也就应运而生，恰如其分地满足了这部分人

的需求。不仅如此，亲子摄影的用户黏性和忠诚度很高，一旦平台拍出来的宝宝照片效果很好，家长再次选择该平台的可能性很高。

优势三，从资源积累的角度来看，美时美刻拥有一定的优势。创始人宋涛在 2002 年创立了儿童摄影品牌“小鬼当佳”，搭建了超过 180 个亚洲领先的实景影棚，积累了海量的摄影师资源和超过 100 万名会员用户。

从约拍、童颜有迹的发展态势来看，其劣势也十分明显。

劣势一，亲子摄影主要以上门服务为主，而不同的摄影师拍摄水平相差万别，导致上门拍摄服务的水平参差不齐，同时标准化也难以统一。尤其是摄影师并不是通过平台自身统一招聘、培训，而是来自于业余爱好摄影者和一些拥有独立工作室的摄影师。

劣势二，亲子摄影上门服务不仅会涉及到隐私泄露的问题，同时也会涉及到拍摄场景限制的问题。尤其是对于一些家长的个性化需求，很多为宝宝拍摄的各种配饰、服饰，摄影师上门可能带不全，甚至有的只是业余摄影师。这些东西都会缺少。

2. 小众，市场却不小的校园摄影

茄子拍是一个专注于校园摄影的O2O平台，同时也是一个比较年轻的创业团队，创始团队成员也基本来自于互联网公司。这家平台已经拿到了天使轮融资。从茄子拍的发展情况来看，它们的发展速度相对来说还是比较慢，主要针对北京的大学校园市场，不过这个创业项目也有自己的几个闪光点。

第一闪光点，这家小的创业团队将市场目标定位于大学校园的学生，成功地避开了婚纱摄影、亲子摄影等竞争激烈的市场。对于大学生们而言，校园摄影虽然不是一个刚需市场，但是有着写真需求的大学生却非常多，尤其是众多爱美的女大学生。如果茄子拍能够把整个大学校园市场吃透的话，市场前景还是非常大的。

第二个闪光点，茄子拍的定位成功之处不仅仅在于针对用户，针对平台的摄影师同样也定位十分精准，这个是很多摄影平台都难以做到的。在茄子拍上服务的都是年轻的独立摄影师，整个平台洋溢着青春、朝气的元素，这将会让平台充满活跃的氛围。

在一般情况下，校园摄影的摄影师上门拍摄都会选择在校园里面拍摄，基本不会存在安全问题，不过统一的标准化服务问题也会充斥这个平台。未来茄子拍要发展壮大面临的最大问题不是来自于这些方面，而是来自于竞争对手。眼下茄子拍在整个北京市场还没有站稳脚跟，未来定然会受到来自其他校园摄影O2O平台的强烈竞争，只是很多创业者还没有发现这个细分市场存在的机会。一旦涌入者越来越多，茄子拍势必要面临价格、用户体验、市场份额争夺等方面的竞争，这对于实力还比较弱小的茄子拍来说是个不小的挑战。

对于茄子拍来说，首先最需要做的就是吸收优秀的摄影师，可以考虑与一些摄影平台，如蜂鸟网、迪派摄影网等进行摄影师资源合作；其次要尽快规范好平台的服务，以求用户体验至上，尽快树立行业竞争壁垒；最后借助资本的力量快速扩张市场，大学校园的学生群体往往都比较集中，在宿舍楼、教学楼上下课、吃饭时间做校园地推是非常有效果的，同时也可以借助兼职学生的力量，甚至还能达到口碑宣传效应。

3．竞争残酷的婚纱摄影

相比亲子摄影、校园摄影来说，婚纱摄影O2O的竞争就相当残酷了。它们除了要应对过去传统线下的婚纱摄影竞争外，也要掌握平台与平台之间的水火不相容。诸如去拍啊、onlylover、婚趣网、诺恒、嫁拍、寻拍等都是眼下专注于婚纱摄影的O2O平台。先来了解一下为何会有如此众多的平台钟情于婚纱摄影？

众所周知，婚纱摄影是一个强需求，甚至可以说是一个必需品，几乎所有要结婚的人都会选择来一套婚纱摄影写真。而且对于很多年轻人来说，结婚一辈子就这么一次，在选择婚纱摄影的时候，往往不会太在意价格，更注重的是品质、效果及服务。强需求意味着市场永远存在机会，用户不在乎价格则意味利润空间巨大，有着两个如此充满诱惑的条件，也就不难想象为何会有如此众多的创业者涌入到婚纱摄影市场。

但是互联网婚纱摄影又不同于过去线下的传统影楼，每座城市能够允许多家影楼共同生存，互联网+婚纱摄影注定是一个竞争十分残酷的市场，各种拼价格、拼服务的策略将会层出不穷。

去拍啊试图要打造一站式的婚纱摄影服务，除了拍摄服务外，甚至还包括拍摄接送、拍摄过程的酒水服务等，既增加了赢利点，同时也提升了用户体验，不足的是增加了运营成本，相对来说拍摄价格也会比较贵；Onlylover、婚趣网、嫁拍则是一个纯粹的平台，类似淘宝C2C模式，通过连接摄影师与用户，只做好中间人的角色，需要解决的是服务的统一标准化问题；诺恒则是一家传统影楼转型的O2O婚纱摄影平台，采用的是搭建婚嫁生态园的方式切入摄影，在国内各城市搭建自己的摄影棚和摄影基地，与摄影棚附近的景区开展合作，推出高、中、低三个档次的摄影服务，通过借助过去在传统线下积累的资源展开摄影服务，更像是一种B2C模式，前期运营成本较高，一般的创业团队难以效仿。

4. 奢侈的旅游摄影

其实在O2O出现以前，已经有很多传统线下影楼及一些商家打造了自己的网站，并开通了旅游摄影，但是由于旅游摄影的价格普遍比较贵，也就导致了发展速度一直都比较缓慢。不过说到旅游摄影，不得不提背景实力雄厚的婚伴。它的前身是淘宝婚庆平台，后来随着阿里的O2O进程不断加速，淘宝婚庆于2014年8月正式转型旅游婚纱摄影O2O平台。

相比婚纱摄影而言，婚伴平台意在通过打造旅游婚纱摄影来凸显出自己的差异化。很多做婚纱摄影的O2O平台实际上都没有推出旅游婚纱摄影这一项，婚伴通过把很多传统的线下旅游婚纱摄影商家集合到平台上，借助淘宝的流量为其导入用户，迅速确立自身在该领域的霸主地位。

从用户的角度来看，选择拍婚纱照，不仅仅需要一个优美的环境，同时还需要一个好的心情，而旅行拍摄恰好可以满足这两方面的需求。

从摄影师的角度来看，要拍摄出更美的照片来，优美的环境对于摄影师的拍摄水平发挥也具有莫大的帮助。很多摄影师都擅长扑捉优美的风景，将风景与人物结合起来，也更能产生优秀的作品。

不过对于很多用户来说，旅游婚纱摄影却是一个价格非常昂贵的消费，如果说婚纱摄影是一项必需品消费，那么旅游婚纱摄影则是一个奢侈品消费，消费频率非常低，很多用户都会选择一个口碑相对不错的商家。很多品牌知名度不高的商家，一年到头都难以接到几个单子，生存问题面临严峻考验。也就是说，大部分知名度不高的旅游婚纱摄影商家最终都难以存活下去。那么搭建这么一个平台的意义何在呢？最终也很可能只是给少数几个高知名度商家搭建了桥梁。

5. 逆向的模特摄影

与其他平台不一样，约约则是一个逆向的摄影平台，不为用户提供摄影师，而是为摄影师提供拍摄模特。摄影师可以在这里发现模特，提出约拍请求，而模特也可以获取更多的拍摄机会。

先来看约约的市场前景如何，在国内拥有上千万的人物摄影爱好者，这些摄影爱好者大多活跃在一二线城市的中产阶层当中。对于这些摄影师来说，他们除了对购买摄影器材舍得花钱之外，对于拍摄更高品味的作品也愿意付出更高的代价。在这些人物摄影爱好者当中，有相当一部分找不到合适的拍摄对象，而如何解决模特与人物摄影爱好者信息对称的问题就成为了约约存在的价值。

与此同时，对于很多白领和在校学生来说，他们拥有较多的空闲时间，但是却又苦于找不到合适的兼职工作。而在这些人群当中，有相当一部分又对于模特这个职业有着向往与憧憬，如果能成为摄影师的拍摄模特对象，还能赚点收入，那就更能打动他们了。

约约还有一个优势就是创始人姚鸿所积累的POCO模特库及在这个行业的经验。约约通过与POCO等10多个摄影平台达成合作，邀请入驻的模特已经超过12万，这个资源恐怕就是约约在产品未正式上市前就能拿到1000万元天使投资的重要原因。

虽然有市场空间，但是约约在创业路上面临更多的还将是挑战。

最大的一个挑战就是安全问题。约约瞄准的是美女经济，但是美女经济就难免会存在一定的安全隐患。对于预约模特，如何保证模特尤其是女模特的安全问题，需要约约前期对摄影师严格把关，并对摄影过程、摄影拍摄完成之后的交易反馈等监测都要做到位。

6．电商催生的商品摄影

说到商品拍摄，可能很多人都会想到淘宝店店主，也正是因为庞大的淘宝店对商品的拍摄需求，催生了商品摄影O2O平台的诞生。美食拍以企业食品为拍摄服务主体，服务了中粮、玛氏、稻香村、北大荒等传统食品企业和京东超市、天猫超市、顺丰优选、沱沱工社等专业食品电商。除了美食拍这种稍具规模的平台，也有很多专门从事网店商品拍摄服务的个人摄影师及工作室存在，尤其是依附于淘宝摄影而存在。

很多传统企业都在开始尝试电商化，而要想让商品获得更好的展示，专业的商品摄影师和商品O2O摄影平台就有了存在的价值与意义，尤其是一些新款的服装、鞋类商品，经常需要更新。《摄影O2O兴起，互联网+摄影遍地黄金》一文曾对淘宝摄影做过论述：庞大的淘宝店需求将支撑淘宝摄影繁荣昌盛。

效果好的商品拍摄能够帮助商品更好地实现交易，而一些拍摄效果较差的商品拍摄反而会降低人们的购买欲望。如何能够将商品拍摄实现效果的最佳化是非常难的，场景选择、商品搭配、道具选择、拍摄角度、用户特点等，都是对专业摄影师极大的考验，同时也是商品摄影O2O面临的最大挑战。

7．充满野心的综合摄影

对于整个摄影O2O行业来说，更多的还是充满野心的综合摄影平台：一类是以网易大像为代表的直接切入到所有方向的摄影服务；另一类是以爱易拍为代表的从垂直细分杀入到综合摄影服务的平台，爱易拍初期以婚纱摄影为主，已拓展到亲子、旅游等方向。

毫无疑问，综合类摄影平台表现出了更大的野心，它们能够提供给用户更多的选择，意图吃掉整个人像摄影市场。其实对于很多家庭来说，可能会由最开始的个人写真拍摄需求，到后来的婚纱拍摄需求，再到之后的亲子拍摄需求等，这个时候可能就不愿意去找更多不同的细分摄影平台，而会直接去选择一个能够满足自己所有需求的综合类平台。

网易大像背靠网易，拥有更强悍的资本实力，同时在流量入口上也具有一定的优势，入口与资本是综合摄影O2O平台最不可缺少的两个重要因素。网易大像作为新进入者，非常缺乏用户基础及品牌忠诚度。未来将会有更多的像爱易拍这样的通过在垂直细分市场积累用户资源和摄影师资源的优秀平台杀入到综合摄影中来。未来综合摄影的竞争将会更加激烈。

总体看来，摄影O2O市场还远远没有走向成熟，不管是商品摄影还是人像摄影，在垂直细分领域还拥有较多的机会。而这些从垂直细分领域杀出一条血路的摄影平台最终都将会杀向综合摄影，抢夺这个巨大的市场。

3.2 O2O 兴起，互联网+摄影遍地黄金

从国内的传统摄影行业现状来看，整体情况并不是十分理想，出现了不少影楼、工作室倒闭的现象。传统影楼整体的不景气，既有内因也有外因，先来看看具体是什么原因导致影楼的倒闭潮。

首先，几乎所有影楼的运营成本都越来越高，一方面人工的成本在逐级增加，另一方面店面租金等成本也在不断上升，此外更大的成本增加则是来自影楼的获客成本。

其次，整个线下传统摄影行业存在非常混乱的现象，很多商家为了盈利不惜一切手段，大量虚假宣传、捆绑销售等行为让很多用户望而生怯。

其三，对于很多影楼来说，大部分的业务都来自婚纱摄影，而对于大多数人来说，一生却只会结一次婚，也就是说婚纱摄影的频率非常低。国内的大部分家庭都是独生子女，每年结婚的新人增长十分缓慢，这也就在一定程度上影响了影楼的生意。

其四，影楼之间的竞争非常激烈。每年全国结婚的人就那么多，很多扛不住竞争的影楼自然也就难以支撑下去。

不过互联网+摄影的兴起，让原本死气沉沉的摄影行业又散发出了新的生机。线上与线下结合的新型摄影商业模式不断兴起，将给传统的影楼、摄影工作室等带来怎样的机会呢？

1. 淘宝摄影，广大的淘宝店需求催生了它的繁荣

随着人们对网购图片视觉效果的要求越来越高，越来越多的淘宝

店主开始寻找模特为自己的店铺拍摄服装，这就让传统影楼、摄影工作室看到了新的市场机会。从一开始的服装淘宝店主动预约模特拍摄，到后来很多店主干脆把摄影服务外包给一些专门从事摄影工作的个人工作室或者影楼。之后，整个淘宝摄影市场开始蓬勃发展，不仅是服装店，化妆品、珠宝首饰、食品保健等淘宝店对商品拍摄的需求也越来越多，于是诞生了无数的摄影淘宝店。

相比其他的互联网+摄影模式而言，淘宝摄影有着几大明显的优势：

第一，淘宝摄影有着其他互联网摄影平台所不具备的独特之处，就是强大的淘宝店主需求。很多淘宝店主为了让自家商品更加美观，都会选择一些摄影工作室、图片社来为自家商品拍摄和图片处理，而由于习惯、支付方便等原因，买家大多会直接选择在淘宝上下单。

第二，淘宝作为国内最大的电子商务平台，强大的上网入口优势对于淘宝摄影店来说意义非常重大。很多互联网摄影平台之所以运作不起来，最关键的一个因素就是因为缺乏流量。没有买家进来浏览，如何实现成交？

第三，支付宝担保交易在一定程度上保证了摄影服务的质量。很多互联网摄影平台都是买家先付款或者先支付一笔定金给商家，然后由商家提供摄影服务，这样其实对买家来说相对不公平，万一服务不满意，到时候想退款就会出现诸多麻烦。而担保交易就不一样，只要服务不满意，买家就完全可以选择要求退款，这样很多商家也就会尽力服务好。

因此，对于一些摄影工作室、个人模特、图片社来说，淘宝摄影对它们来说有着非常多的机会，只要认真做好服务，相信在淘宝摄影领域中定能找到自己的立足之地。同时，由于淘宝摄影的市场定位主要服务于淘宝卖家，很多家庭个人拍摄、婚纱摄影等需求也就不会去淘宝选择服务，这就有了其他互联网摄影平台的诞生。

2. O2O兴起，个人摄影师的天堂

继家政、美容美甲、社区服务这些传统服务业开始了颠覆之路

后，摄影业也开始改变人们的消费习惯了。从2014年开始，大量的摄影O2O创业公司涌入到了这个领域，资本也开始钟情于这个领域。进入到2015年年初，先是约约拿到了1000万元的天使投资，随后约拍啦宣布完成2000万元的融资，一个刚成立不久的摄影O2O平台嫁拍也获得了300万元的投资。那么，摄影O2O为何会如此受到资本的亲睐呢？主要有以下几点：

（1）对于很多有着个性需求的用户来说，都希望能够到一些风景优美的室外进行拍摄或者上门服务，而提供这种服务的影楼收费普遍偏高，但是寻找一些个人摄影师来为自己拍摄，价格就会低很多。从需求方来看，摄影O2O平台的市场空间非常大。

（2）对于一些个人摄影师来说，大多都在从事一些其他的行业，拍摄只是自己的一种爱好。O2O平台的出现，个人摄影师还能找到一份兼职，如果某一天这份兼职收入超过了自己上班的工资，那么个人摄影师就会借助O2O平台做全职摄影。从供给方来看，O2O平台能够给更多业余摄影师带来额外的收入，他们自然愿意加入。

（3）相比很多传统的影楼，摄影O2O平台省去了诸多中间环节，将摄影师与用户直接对接，更加透明化。这种模式的出现对于信息不透明的传统摄影行业来说是一种颠覆，也是一种趋势。

因此，对于个人摄影师来说，O2O平台将能够给他们带来更多的创业机会。

3. 摄影团购，线下影楼的利器

团购的兴起，让很多生活服务商找到了新的推广平台，对于传统影楼来说同样也是如此。通过与美团、大众点评、百度糯米等团购网站的合作，很多平常冷冷清清的影楼生意日渐红火起来。摄影团购同样也有着其他摄影平台不可替代的几大优势：

其一，团购有着明显的价格优势。在很多人看来，摄影都是一个价格比较高的服务，正是这种高价格让很多有拍摄需求的人望而止步。团购出现以后，原来几千元的摄影服务只要上百元的价格就可以实现。虽然对于传统影楼来说，利润空间缩小了，但团购却让自己的客源增多了，甚至还能给自己带来一些长期稳定的忠诚用户。

其二，团购对于线下影楼来说是一个很好的品牌宣传平台。很多影楼开业了，但是并没有人知道这个地方，通过借助团购网站的展示，能大大增加店面的曝光率。不仅如此，线下影楼还能借助团购网站很好地进行服务和品牌宣传。

其三，随着团购混战局面的消失，已经形成了美团、大众点评、百度糯米三家鼎立的格局。在团购消费上，三家都推出了不满意免单、未消费随时退、过期退等服务，如果用户对影楼的服务不满意，可以在团购平台上进行投诉、差评。这三大平台极有可能会立即终止与该影楼的合作。这对影楼来说损失惨重，对用户则有了充分的服务保障。

其四，移动互联网的兴起，附近团购刺激了更多的当地服务消费。三大团购平台同样也有着强大的入口流量优势，借助团购，线下影楼能够很好地辐射到周边地区的所有居民，这比借助百度搜索等其他互联网推广而言有地域推广上的优势。

其五，很多婚纱摄影店每年付给百度搜索的推广费用超过了数百万，有的甚至高达上千万。而团购这种按交易付费的方式，就在一定程度上保证了影楼的宣传效果，真正把团购平台与商家捆绑在了一起，如果影楼卖不出去单子，则团购平台也就赚不到佣金。

所以，团购对于从事个人写真、亲子拍摄、婚纱摄影等为主营业务的线下影楼来说是一个机会颇多的平台。

4. 影楼自主线上平台，打通线上线下闭环

互联网和移动互联网的兴起，很多影楼纷纷开设了自己的线上官网、官方微博、官方微信公众号等，这也给影楼、工作室带来了更多的机会。

首先，开设自己的线上平台，能够与线下更好地结合，为影楼带来更多的收入。尤其是借助微博、微信，很多影楼都培养了大量忠实的粉丝，这些粉丝都将是它们潜在的用户。

其次，对于很多线下影楼，尤其是对于那些连锁经营的影楼来说，线上平台的建立能够让用户对于影楼有一个更全面的了解和认识，打通线上与线下闭环，对于品牌宣传有着非常重要的意义。

最后，微博、微信公众平台有一个共同的特性就是社交。借助这个特点，传统影楼能够与自己的用户进行很好的互动，并随时了解他们新的需求、意见反馈等，这样自己就能够更好地为用户服务。

综上所述，互联网与摄影行业的结合将会对原来单一的传统线下摄影行业产生颠覆性的影响，同时也将带来更多的机会。而对于整个摄影行业来说，信息会越来越透明化，服务质量也将得到大幅提升，不管是对业余摄影师、工作室，还是对线下影楼来说，互联网+摄影将遍地都是黄金。

3.3　按摩 O2O，上门与到店的角逐

O2O的兴起，诸如家政、美甲、汽车保养等传统服务业纷纷借此东风玩起了上门服务，业内外人士也开始唱兴懒人经济。在这股东风下，按摩O2O也成为了无数创业者和传统按摩商家追逐的热点。

按摩上门服务的O2O有两种形式：一种是传统按摩商家推出的上门服务平台；另一种则是创业者们推出的上门O2O平台。到店服务同样也有两种形式：一种是美团、大众点评、百度糯米领导下的团购；另一种则是创业者们打造的到店O2O平台。那么未来到店模式和上门模式谁更能适应整个互联网+按摩经济时代呢？

1. 面向个人O2O平台

从事面向个人的上门按摩、足疗等平台非常多。中医按摩方面有功夫熊、点到、点妙手、华佗驾到、理大势、舒服吧、来e掌、熊猫家等。足疗方面有上门帮、活力蛙、点到位、e足疗等。上门按摩服务之所以能够受到如此众多创业者的亲睐，自然有着强大的市场机会和空间。

首先，当然是因为有着强大的市场需求，足疗按摩对于很多人来说是一种休闲放松的消费方式，而且还是一种健康调理的方法。但是很多人往往在需要选择去做足疗的时候都是身心疲惫之时，这个时候跑到店里去消费又懒得动，上门服务就成为了他们的一种潜在心理需求。尤其是对于一些出行不方便的老年人。上门服务最大的优势就是便利性。

其次，对于足疗按摩师来说，之所以会选择在店面为用户提供足疗按摩服务，就是因为店面能给自己带来用户，从而获得佣金提成。

但是由于众多个人足疗按摩O2O平台的诞生，按摩师不需要付出任何成本就能获取用户，还能获得100%的服务费，不用分钱给线下店面，何乐而不为？

其三，个人上门服务能够为用户解决预定不对称的问题，很多用户到足疗按摩店往往都很认可某一位足疗按摩师，而到了店面后，很可能这位按摩师休息或者正在为其他用户服务，这样该用户可能就需要等待或者换一位自己并不是很满意的按摩师。个人上门服务平台诞生之后，用户一旦对某一位按摩师满意之后，就可以直接通过O2O平台预约该按摩师。

最后，个人上门按摩将会有价格上的优势。对于个人上门按摩来说，不需要租门店，省去了大量的租金。此外，相比店面的足疗按摩来说，个人足疗按摩师也不需要把赚来的服务费分给店面，为了提升自己的竞争力，就可以把上门服务的价格调得比线下店面低。

虽然个人上门按摩服务具有诸多优势，但是还是有众多的业内人士对此不是十分看好。个人上门服务存在很多弊端。

弊端一，安全问题，安全对于个人上门服务来说是一个最大的隐患。不管是对于足疗按摩师来说还是对用户而言，上门服务都存在一定的人身安全隐患，同时还有可能会存在法律上的纠纷，因为休闲按摩做不好就容易滋生问题。

弊端二，按摩师水平参差不齐，很多个人按摩师并没有经过严格的按摩培训就开始从事足疗按摩服务，这对用户的体验来说非常不好。因为用户一旦对某个O2O平台预约的按摩师不满意，很可能就会导致对这个平台的整体印象变差，再次体验的可能性也就会小很多。

弊端三，在家或者在公司按摩的局限性非常大，没有特定的按摩床，只能坐着按摩，如果做全身按摩，自家的床不方便使用，沙发又比较局限，从体验的角度来说效果自然也就不会很好。

2. 传统商家

上门足疗按摩服务的红火也让众多的传统线下商家感受到了生存的威胁，于是富侨等大型传统按摩连锁店牵头推出了自己的上门服务平台。传统大型连锁商家直接推出自家的O2O上门服务平台，拥有不少先天的优势。

优势一，传统连锁商家在线下耕耘多年，已经积聚了一定的品牌优势，并且得到了很多用户的认可。所以相比个人上门O2O按摩服务平台而言，传统商家的O2O线上平台更容易让用户产生信任感和安全感。

优势二，大家都知道，不管是做足疗还是做其他按摩服务，最核心的就是服务二字，而这个服务的根本又在于按摩师的水平高低。相比个人按摩服务水平的参差不齐，传统线下商家则拥有更多高水平的按摩师，且拥有完善的培训体系，能够让用户的上门服务质量得到保证。

优势三，传统商家打通了线上上门服务，同时也拥有线下体验店，线上与线下的完美结合更有利于长期发展。用户到线下店面消费之时，店面人员可以直接向用户推荐上门服务，而用户如果感觉在家做足疗、按摩不方便或者效果不好，也可以到附近的店面消费，二者相辅相成，互相补充。

当然，对于线下商家来说，推出上门服务平台也是需要冒一定风险的。

风险一，容易跑单，上门服务对于线下平台来说最不好把控的风险就是按摩师的跑单。一旦该用户成为了这个按摩师的忠实用户，按摩师可能就会在业余时间为该用户提供服务，自己赚外快。当该按摩师积累了一定数量的忠实客户之后，自然而然就会跳槽。

风险二，线下商家需要租门店、开工资等，成本本来就已经不低了。店面的按摩师要上门服务，在同样的时间里能接待的用户数量就会少，商家的成本就会更高，这也就会导致商家推送的上门服务价格要高出不少，对用户而言自然也是不愿意的。

风险三，自家店面按摩师上门服务如果出现了人身安全等问题，对于线下商家来说也是需要承担相当的赔偿。而线下店面的男按摩师和女按摩师比例在2:8左右，女按摩师上门服务一旦出现安全问题，对于商家来说要承担的法律责任和损失是相当大的。

3. 面向企业O2O平台

针对上门服务存在的安全、体验性差等诸多问题，很多创业者又纷纷推出了到店O2O平台，诸如按客、7点钟、乐尔等平台纷纷崛起，通过与良子健身、富侨足道、五指生、千子莲等品牌大店的合作，为用户提供在线预约服务。

其一，这种到店O2O平台对于很多线下商家来说，都愿意与其合作，它们正需要一个这样的导流平台。同时，用户还可以通过该O2O平台与按摩师在线聊天，增加了用户和按摩师之间的黏性。

其二，到店O2O平台省去了很多不必要的麻烦，尤其是在人身安全等问题上。只需要做好平台，选择一些服务良好的商家合作就行，不需要像上门服务平台那样，还需要对入驻按摩师的水平进行考核，并对按摩师的安全进行保障等。

其三，O2O平台推出的附近到店服务基本上都是针对500米以内距离的商家，这样用户既不需要跑太远的路程去寻找店面，同时也能让用户快速找到一个体验不错的店面享受足疗按摩服务。

不过要做好到店O2O平台，也需要面对相当多的挑战。

挑战一，前期需要大量的烧钱推广，到店O2O平台对于个人按摩师没有吸引力，个人按摩师自然也就不会帮忙为其宣传，同时也没有推出上门服务商家所具备的品牌优势，在前期产品的推广上自然就需要花费大量的资金。

挑战二，获取商家的信任也很关键，虽然商家都很愿意与这样的O2O平台进行合作，但是很多商家其实还是抱着怀疑的态度不以为然。商家们普遍都会认为，一家不知名且实力不够雄厚的O2O平台很难为自己带来多少生意。

挑战三，O2O到店平台提供的都只是在线预约服务，并不支持在线交易。与个人上门O2O平台一样，都面临着盈利模式上的挑战。

4. 团购

说到所有的按摩O2O服务，运作最为成功的其实还是要数团购平台。美团、大众点评、百度糯米等团购网站通过线上交易、线下消费的模式得到了众多团购用户的亲睐和认可。

首先，既然是团购，当然最吸引用户的因素还是价格。足疗按摩是一项休闲消费，对于很多收入并不是很高的人群来说，其实并不太愿意去花费这个钱，甚至担心还会有很多隐性消费。但是团购出现以后，只需要花费很少的一笔开支就能享受到舒服的按摩服务，用户都愿意去尝试。

其次，对于商家来说，美团、大众点评、百度糯米在流量入口上已经有着明显的优势，与这三大团购网站合作能够很好地宣传自己，借助团购这个促销手段，兴许还能给店面带来一些忠实的新用户。

最后，团购作为一种到店消费的模式，与上门服务相比，同样也不需要承担更多不必要的麻烦。与三大团购网站合作的商家基本上都是一些优质正规的足疗按摩商家，在人身安全等问题上还是能够得到保障的。

团购作为最早进入到按摩O2O的一种商业模式，虽说今天已经占据了相当的市场份额，但是并不是说这种模式就会成为最后的赢家。它本身的一些劣势和不足也给了其他O2O模式崛起的机会。

劣势一，服务质量的打折，由于团购价格的因素，很多足疗按摩商家也会相应地在服务质量上对用户进行打折，这在一定程度上影响了用户的体验。很多希望得到更好服务的用户也就不会愿意选择团购的形式。

劣势二，附带消费，有些商家给出的团购价格很低，通过借此来吸引用户，但是却给用户到店消费推出了更多的高额消费套餐，这也在无形之中引发了用户心中的丝丝不满。

总体来看，不管是上门服务还是到店消费，都有自己的优势和劣势存在，也都有自己的市场和需求存在。上门服务不会取代到店消费，到店消费也无法击败上门服务。在未来较长的一段时间里，这两种足疗按摩的商业模式将会长期并存下去，在经历新一轮上门和到店的对决之后，很可能会出现上门服务与到店消费通吃的O2O巨头。

3.4 上门推拿，谁才是主宰者

按摩O2O平台洗牌正在加速，上门按摩功夫熊就已经完成了对推推邦、松明屋及点秋香的收购，表明上门按摩洗牌已经开始全面提速。

从国内整体的上门按摩发展形势来看，还没有形成几家独大的格局，但是功夫熊、点到、宜生到家、点妙手这几家的优势已经逐渐凸显出来。功夫熊、点到、点妙手都是纯粹的互联网公司，宜生到家则是传统线下按摩品牌富侨所推出的上门按摩平台，在未来的上门按摩领域，最终只会出现一家独大的局面，那么谁又将会成为未来这个领域真正的主宰者呢？

易观智库发布的《中国生活服务O2O市场年度专题报告2015》中选取了点妙手、点到、功夫熊和宜生到家四个品牌，就上线时间、资本能力、按摩师资源、运营和用户拓展效率、客单价、服务范围这几点进行了详细对比。结果显示，宜生到家无论在服务上还是在供应端能力上都占据了绝对优势，成为综合实力最强的按摩O2O服务平台。

	点妙手	点到	功夫熊	宜生到家
上线时间	2013.10	2014.9	2014.10	2014.12
资本能力	数百万美元融资	1000万美元天使投资：58同城、高倍资本 500万美元A轮：58到家、盈动投资等	数百万美元天使投资：险峰华兴数百万美元A轮：祥峰投资	300万美元天使融资：洪泰基金 对宜生到家估值2000万美元，相当于竞争对手对A轮估值
按摩师资源	60多名按摩师	100多名按摩师	100多名全职业按摩师	200多名专业认证按摩师

（续）

	点妙手	点到	功夫熊	宜生到家
运营、用户拓展效率	● 与高档茶楼、休闲室、咖啡厅、健身馆等消费场所合作，开发消费场景，增加订单量 ● 目前平台已积累服务10万人次	● 启动阶段企业福利打包推广 ● 利润BI系统提高派单效率 ● 搭建用户模型，优惠券使用频次，新老用户差异化营销 ● 对接58到家平台流量入口，带动用户增长	● 上线初期，通过文章宣传进行病毒式营销，与同行业合作，资源置换，快速扩张用户 ● 当前日订单为200单左右，重复下单率为40%	● 上线不到4个月，日订单破千，创下上门按摩O2O中日订单破千速度最快的记录，目前累计为10万用户做过服务 ● 先深圳、北京市场，2015年底完成上海、广州和深圳市场开发
客单价	个人按摩最低为168元。团体（5人以上）人均为60元起	个人按摩最低为128元，暂未开通团体消费	个人按摩最低为158元，团体（5人以上）人均为50元起	个人中医对症为158元，个人足疗保健为98元起，团体（2人起）人均为88元
服务范围	北京、广州、深圳	北京、上海、杭州、深圳	北京、上海、广州	北京

数据来源：截止2015.4.1

几乎所有的人都说，O2O最终仍然会是懂互联网思维的传统企业占上风。究竟是否真的如此，在易观智库的报告基础之上针对点妙手、点到、功夫熊和宜生到家进行深入分析，探一探究竟传统商家和纯粹的互联网平台谁才会是上门按摩的主宰者？

1．点妙手、点到、功夫熊为代表的纯互联网平台

点到、点妙手、功夫熊能够从众多的上门按摩服务平台中逐渐脱颖而出，其成功经验有五点值得借鉴。

第一点，点妙手、点到、功夫熊与很多上门按摩服务平台所采取的策略不太一样，起步都选择从争夺互联网企业用户入手。大家都知道，互联网公司，尤其是技术人员，大多数因为长期对着电脑坐着，多少都会有些颈肩病，而前期通过把重点放在用户及场地资源都非常集中的企业，对于按摩师出行服务也省去了不少麻烦，提升了服务效率。同时企业用户也有可能成为家中上门按摩服务的潜在用户及宣传

者，建立用户选择家庭上门按摩服务的信任基础。

第二点，为了让用户更容易接受家庭按摩服务，点妙手还通过与高档茶楼、休闲式咖啡厅、健身馆等消费场所合作试推现场按摩服务，通过这种场景化的迂回战略，让点妙手上门按摩服务也得到了众多用户的认可。

第三点，点到、功夫熊、点妙手都成功地借助了中医按摩这杆旗，解决了很多行动不便利或者附近没有合适中医按摩线下店的家庭用户需求。点妙手创始人田红星甚至还提出了V健康概念，针对普通大众及亚健康人群较为集中的精英人士、老年人和产后女性推出了四款个性化的定制产品服务，也就是针对不同人群的健康问题，提供不同的上门健康理疗方案，大大满足了不同消费人群的个性化需求。

第四点，点妙手在按摩师的聘用上主要是聘用一些传统线下店面按摩师，得到了更多想要多赚一份兼职的推拿按摩师们的支持，这种直接与线下店按摩师合作能够省去点妙手在找人、培训等方面的大量工作。不过点到、功夫熊则完全采用自聘按摩师的方式，然后统一培训，避免了上门按摩服务的参差不齐。

第五点，点到先后获得了58同城和58到家的投资，同时也是首批接入58到家的一站式服务平台（58同城背后的大股东之一是腾讯）。一方面点到靠上了实力雄厚的互联网巨头，另一方面借助58，点到在流量入口上也获取了一定的优势。功夫熊、点妙手的团队也同样具有深厚的互联网基因和功底。

对于点到、点妙手和功夫熊这类纯互联网公司打造的上门按摩服务存在以下几点不足。

（1）点妙手采取聘用传统线下店按摩师服务为主，虽然有一定的优势，但是在很大程度上造成了服务的标准化严重不统一，每个按摩师都会说自己的服务好，究竟服务质量如何，点妙手平台也无法很好地实现监控，服务水平如何是上门按摩的核心关键所在。功夫熊和点到虽然是自主招聘、统一培训，但是在服务标准化问题上同样也存在一定的不足。

（2）上门按摩经常会被曝光出一些负面消息，这对于整个行业来说也是一个不小的打击，所以有相当一部分人对于上门按摩并不是十分看好。其实不是说他们没有上门推拿这项服务需求，而是在信任方面的心理障碍始终无法突破。

（3）纯互联网公司在行业的经验及对用户的了解等方面也比不上传统的线下商家，不过其他诸如场所限制问题、安全问题、跑单问题等正在不断获得新的突破和进展。

2．宜生到家为代表的传统连锁商家

宜生到家刚上线就获得了洪泰基金300多万美元的资本投资，上线不到4个月，日订单破千，创下上门按摩O2O中日订单破千速度最快的记录。那么，宜生到家是凭借什么获得资本如此热捧的呢？易观智库在报告中总结了宜生到家相比纯互联网平台而言具有的十大优势。

其一，宜生到家是基于全国最大按摩服务连锁机构富侨足道和宜生源健康管理中心的O2O服务产品。富侨足道成立于1998年，在国内拥有近20年的品牌积累，在全国拥有700多家连锁店。很多人都清楚，上门服务的核心是要突破用户的信任，只有建立了信任基础，上门服务才能顺利进行。宜生到家借助富侨多年积累的品牌优势完全可以突破用户信任这一障碍。

其二，富侨足道每年在全国服务的人群超过2500万，可以说积累了大量的忠实用户，这一点从宜生到家41%的重复下单率就可以看出来。宜生到家还只是开通了北京地区的上门服务。宜生到家在此轮融资完成之后，定然会加快其他城市的扩张速度。届时，宜生到家的每日总体下单量将大大超越其他上门按摩服务平台。

其三，在所有的上门服务当中，最缺的就是服务的标准化。过去富侨足道线下的按摩足疗手法一直都是统一标准化，建立在这个基础之上，宜生到家又邀请海航的相关主管来做技术培训、服务培训、流程培训，从而打造宜生到家的行业标准，并建立了产品标准、服务标准、技法标准、流程标准、品控标准、选拔标准等一套宜生到家标准体系。相比纯粹互联网平台而言，毫无疑问在这一点上宜生到家更有优势。

其四，从用户的需求角度来说，按摩足疗分为养生、娱乐、健康三大需求。上门按摩服务主要的消费需求不再是娱乐型消费，而是健康型消费。富侨凭借着近20年的经验积累，对用户的了解深度也远远超过互联网平台，这一点对于宜生到家打造上门服务也有相当大的帮助，能够打造用户真正需要的推拿服务。

其五，富侨在全国拥有超过20万的专业技师，在技术领域拥有绝对的优势。同时，大量的线下服务技师对于宜生到家的线上服务也是一种保障。宜生到家能够在短时间内培养一批优秀的上门按摩服务技师，在遇到订单量突增的情况，也不会出现暂时无法提供服务的尴尬局面。

其六，为了不断提升服务水平和质量，宜生到家还专门组织了20多人的专家团队，对中医按摩、个人健康的梳理管理等做了两年多的研究，按照中医国家标准，把中国人分为九种体质，针对不同体质通过推拿的办法、自然的疗法、药足浴的产品进行不同的管理和调理，以达到健康的目的。在技术研发上，宜生到家毫无疑问也是占据了优势。

其七，上门按摩服务的消费群体与到店服务消费的群体实际上是两类不同的消费人群。上门服务主要以老年人和带孩子的女性居多，而到店消费则以商务人士的男性居多。宜生到家的上门按摩服务不但不会冲击线下富侨实体店，反倒会与线下形成一种很好的互补，同时线下也能作为线上的体验店。

其八，从售后服务的角度来看，用户如果在宜生到家的上门服务中遇到任何问题也能直接联系平台，平台会直接联系到离用户最近的富侨线下实体店人员上门解决问题，同时用户有任何问题也能到最近的富侨线下店直接反馈，所以宜生到家的售后服务会更有保障。

其九，宜生到家有多达20多项服务品类，是领域内品类最多的平台，有专业的健康调理、中医推拿调理、足底推拿、全身经络推拿，还有众多的高级健康调理等，可全方位地满足用户需要。据悉，宜生到家即将上线小儿推拿健康调理服务，小孩如果有感冒发烧，可以直接找专业高级技师上门调理，免去了去医院排队的麻烦和父母的担忧。

其十，点到、点妙手和功夫熊的上门按摩都是集中在一线城市，但是二三线城市人群对于上门按摩服务普遍都还难以接受，市场还远远没有拓展开。宜生到家完全可以借助富侨的力量先一步抢占市场先机，快速在二三线城市建立根据地。

对于场所限制、安全、跑单等问题，宜生到家也同样会遇到，不过随着行业的发展，这个行业内的普遍问题最终都会迎刃而解。宜生到家最需要加强的是互联网运作，尽管创始人于飞过去任职过互联网门户主编，但那已经是多年以前的事情了，太久没有涉及互联网平台运作的于飞和他的团队在这方面自然会存在不足，不论是引进互联网人才，还是在技术、运营等方面，都需要不断提升。

通过对比分析会发现，宜生到家这种传统线下品牌商家所打造的上门按摩平台，的确相对纯粹的互联网上门按摩平台优势要明显，而且未来在二三线城市的市场争夺战中，宜生到家的后劲会更足。但是面对这个强大的竞争对手，功夫熊、点到、点妙手定然也不会坐以待毙，势必会抢在宜生到家的前面率先打进二三线城市。传统商家与互联网平台谁最终会是上门按摩的主宰者，还需要跑一跑才能见分晓。这个时间不会太长，也许就是那么短短的几个月时间。

3.5 百花齐放的美业 O2O，戏越来越好看

说到O2O，美业O2O应该算是仅次于滴滴快的被炒得最火热的一个O2O领域，不得不让人对雕爷的营销炒作功夫竖起大拇指，可以称其为新一代的雷军。而涌入到美业O2O领域的创业者也是非常多的，打开手机软件市场，搜搜相关的美甲、美容、美发类的APP应用，至少能搜出好几千款。不过悲哀的是，它们当中的大部分都已经奄奄一息，杳无音信了。

不仅仅只是创业者们争先恐后，就连各大互联网小巨头们对于美业O2O也是虎视眈眈，随着58到家、美团、大众点评、聚美优品、美丽说等纷纷涌入到美业O2O，这场戏也就越来越有看头了。业内人士为大家总结和分析了从每一个不同点切入到美业O2O的平台模式。

1. 从美业细分领域切入

从美业细分领域切入到美业O2O的平台，包括从美甲切入、从美发切入、从美妆切入，还有从美容护理切入。其中又包括到店消费平台、上门消费平台。从发展现状来看，它们当中的大多数都已经开始走向死亡，当然也有少数部分美业O2O艰难地活了下来。其中活得不错的当属河狸家。河狸家能够脱颖而出，原因如下。

其一，与其他美业O2O平台不同，河狸家在盈利模式上占了一定的优势。河狸家不对所有提供上门服务的美甲师们收取任何费用，但是却要求他们都使用阿芙精油。河狸家创始人雕爷同时也是阿芙精油的创建者，通过这种附带增值消费让河狸家在烧钱扩张市场的同时也赚得盆钵满满。

其二，雕爷在创建河狸家之前就成功打造了阿芙甘油、雕爷牛腩这两个品牌，在营销造势上的功夫非一般人所能及。而在创建阿芙甘

油之前，雕爷也拥有过两次创业失败的经历，多次创业的经验对于雕爷创办河狸家有着极大的帮助。不可否认，河狸家能够从成百上千的竞争对手中杀出来确实跟雕爷本人有着莫大的关系。

其三，河狸家没有选择从上门美发、美容等细分领域切入，而是选择从美甲切入，这也是一个成功的市场定位。美甲相对于美发、美容等，一方面消费频率高，另一方面上门服务也不会因为场所而受到限制。

其四，传统美容公司和技师的关系主要以提成形式为主，但因为场地和硬件需要耗费大量成本，导致往往超过一半的消费金额都被美容公司提走。而河狸家所推出的这种上门服务，因为节约了大量的店面租金成本，同时所有的提成都分给了技师，这就得到了大量美甲、美容师的支持，从而帮着一块推广和宣传河狸家。

不过美业O2O经历了前期的粗放式增长之后，未来河狸家所面临的形式也是越来越严峻。

（1）中国整个美业市场有上千亿规模，但是美容(包含整形)所占的市场规模比重最大，高达57.5%。美发行业次之，占比24.4%。美甲行业所占比例仅仅只有9.8%。河狸家仅仅只是在美甲领域具有一定的优势，在市场规模更大的美容领域正在逐步开始，而在美发领域甚至还没有开始。

（2）河狸家正在迎来越来越多的强劲对手，涉足美业O2O的嘟嘟美甲、美到家、白鹭美等都相继完成A轮融资，此外还有58到家、美丽说、聚美优品、美团等众多小巨头都涌入到美业O2O，河狸家后面面临的竞争环境将会越来越激烈。

（3）美容因为消费频率低，如何提高老用户的留存率和新用户的回头率是盈利的关键所在，上门服务的服务质量如何则是影响回头客的最关键因素。河狸家前期在美甲方面自然不会遇到服务质量上的问题，因为美甲对于技术的要求并不高，但是美容、美发就不一样了。河狸家的这种上门服务模式很难在美容、美发方面对技师的服务标准化。

（4）从某种程度上来说，美容到店消费由于价格的不透明，让很多用户心生反感。上门服务虽然从某种程度上解决了这个问题，但同时也降低了服务效率。如何能够最有效地匹配技师和用户对接，对于河狸家来说也是一个不小的挑战。

（5）雕爷是个不安分的人，创业项目非常多，而且据雕爷对外透漏，河狸家绝不会是他的最后一个创业项目，由此足可以看出，雕爷不是一个足够专注的人，项目太多必然会导致雕爷在河狸家上有所分心，这对于河狸家的长远发展来说绝非是一件好事。

2. 从女性购物切入

说到美业O2O，最热闹的事件莫过于美丽说和聚美优品纷纷杀入到这个领域。聚美优品通过开放接口作为平台，其美业O2O平台也很快上线。美丽说则从美妆切入，有美业O2O产品美喵APP上线。两大女性购物平台切入到美业O2O，着实给这个市场带来了新的变数。

第一，不管是美丽说还是聚美优品，它们所积累的女性用户数量都已经超过1亿，这个强大的用户数量是非常可怕的，一旦成功切入到整个美业O2O市场，其市场冲击力量可想而知。

第二，美业O2O仍然将会是一场烧钱的拉锯战，美丽说背靠腾讯大佬，聚美优品这几年做化妆品也是赚得盆钵满满。非常有意思的是，美丽说上线美喵还联合了百度地图，用户通过百度地图可以发现附近的美容、美妆，然后可以根据距离寻找相应的时尚服务。

第三，聚美优品在北京前门开设了线下体验店，又计划在北京王府井大街开设第二家线下体验店。线下体验店包括皮肤分析、清洁、护理、彩妆造型、美甲等，从其布局完全可以看出，聚美优品早就开始酝酿美业O2O。美业一般预约基本上都是老用户，且比较熟悉该店里的服务和业务，聚美优品所打造的线下体验选择了在北京两个外来人口流动性最大的购物场所，用意就是想让全国的用户提前到线下熟知聚美优品的服务，然后线上预约。

第四，不同的女性消费群体对于美容、美妆都有着不同的需求，她们基本上都会到特定的商家进行选择消费。线上预约一定是对该上门服务技师有了一定的信任基础之后才会主动预约服务。美丽说和聚美优品这几年成功的品牌运作可在这方面帮不少忙。

当然，两大女性购物平台要想轻松打入到整个美业O2O市场，也着实不是非常容易实现的。

（1）毕竟美丽说和聚美优品才开始进入美业O2O市场，这种线上线下结合的服务与购物还是有一定区别的。聚美优品当年在服务团购上失败之后又重新定位选择了化妆品团购，也是深知服务业O2O并非那么轻松介入。美业这种对服务质量要求特别高的行业并非美丽说和聚美优品这类女性购物平台所擅长的。

（2）如何有效地进行用户转化对于美丽说和聚美优品来说也是一个不小的挑战。大多数用户想到化妆品，想到时尚流行女装，可能很容易会想到聚美优品和美丽说，但是让她们一想到美容、美发、美甲就想到这两个平台，这不仅仅是需要时间上的积累，还需要付出大量的努力。

（3）美丽说和聚美优品虽然积累了大量的合作商家，但是线下服务商家资源却非常少，需要重新投入大量的人力和物力来拓展这项工作，这也会影响扩张速度。拿美丽说的美喵来说，前期仅仅只是在北京地区开通了美妆服务。

3. 从团购切入

说到从团购切入美业O2O市场，大家自然就会想到美团和大众点评。大众点评到家服务上线首批接入了嘟嘟美甲、功夫熊、e袋洗、e家洁等服务商家，一次覆盖美甲、美睫、推拿、洗衣、家政5个品类；而美团也接入了嘟嘟美甲、e家洁、云家政、赶集易洗车等，覆盖到美业、家政、汽车洗护等多个领域。

首先，对于团购网站来说，它们本身就是做服务出身。虽说此前一直都专注于线下到店服务，上门服务才开始尝试介入，但是前期所积累的美容、美发等服务商家资源却并不是白白积累的，在这部分商家资源中有相当一部分愿意提供上门服务。一旦美团和大众点评全面开放其平台，则上门服务定然会迎来一个爆发期。

其次，从用户的角度来说，在美团和大众点评过去积累的大量团购用户当中，有相当一部分女性用户就是线下美容、美发、美甲到店服务的团购常客，但是由于美容行业的价格不透明，团购所享受的服务并不能让这部分用户感受到自己得到了优惠，所以这部分用户转化成其平台的上门服务用户可能性非常大。

其三，美团和大众点评都已经渗透到了全国几百个城市，即便是很多三四线城市也拥有一定的服务消费群体，从入口上来说，不管是在PC端还是在移动端，这两大平台都拥有非常大的优势，同时也养成了用户在线服务消费习惯，打通了线上支付闭环。

最后，美团和大众点评在全国范围内还拥有一支庞大的线下地推人员，这对于未来扩大自己的上门服务商家和线下宣传有着极大的帮助。既然是O2O，就必须要线上与线下完美的结合，通过强大的线下团队作为O2O的连接纽带。这是美团和大众点评未来非常大的一个优势。

美团和大众点评想要做的是上门与到店服务的通吃平台，虽然有优势，但同时也有不可避免的缺点。

（1）很多用户想到团购，第一时间想到的是价格便宜。但是美容却不同于其他行业，成熟用户在乎的并不是价格，而是服务能否让其满意，如何打消用户对团购网站美容、美发上门服务质量的担忧是美团和大众点评当下急需努力的。

（2）对于介入到团购网站的美业上门服务商家来说，短期内还能借助团购网站获取比较明显的效果，但是从长期来看，一旦团购网站所介入的上门服务商家越来越多，就必须要面临着利益的分配问题。尤其是上门服务与到店团购本身还会存在一定的冲突，如何权衡到店团购消费与上门消费的关系也是团购网站不得不考虑的。

（3）团购平台所打造的平台上门服务还需要规避一个风险，就是给其他美业O2O做了嫁衣裳。美业O2O平台非常多，但是最后真正能够剩下来的也就那么几家，针对这么几家美业O2O，搭建一个平台实际上并没有什么意义，就像当年的团800做团购导航，最后其他团购死了，团800也就没什么戏唱了，除非美团和大众点评最终还是想联合线下商家做上门服务。

4. 从分类信息切入

说到美业O2O，表现最猛的其实还当属58到家，就拿2014年11月底才推出的美甲业务来说，正式推出50天后，日订单量就达到了1万单，尤其是58到家赶在河狸家前面推出了上门美发，这让河狸家冒出几身冷汗。

其一，凡是在58到家提供上门美甲服务的人员不能在其他平台上接单，合作具有排他性，这让58到家积累了大量忠实可靠的上门服务人员，同时58到家表示将对所有的服务人员进行统一培训，并配备统一服装、工具等。这对于其统一上门服务的标准也有着极大的意义。

其二，58同城与赶集网合并之后，国内两个最大的分类信息平台也因此走到了一起，从而打通二者之间的服务信息资源，这其中就拥有大量的美容、美发、美甲等服务类信息需求，58到家美业上门服务的推出恰好满足了这部分用户的需求。

其三，从平台的角度来考虑，58到家主要包括家政、美甲、搬运三大上门服务，未来还会开通更多的上门服务，相比单一的美甲上门服务而言，平台能够满足用户多样化的需求，如有的用户想要美甲服务，同时可能也会通过同一个平台点取家政服务等。

其四，与河狸家主推美甲师打造个性化美甲不同，58到家主推的是甲样，让所有的美甲师都要反复练习并掌握每一款不同的甲样，满足大众化的需求。河狸家更强调明星美甲师，而58到家则更强调产品本身，而非美甲师个人。河狸家对美甲师将会更依赖，而58到家则完全打造的是自身品牌。

当然，58到家所采取的平台模式与美团、大众点评又不一样，纯粹的中间平台。58到家平台的所有服务人员都是自己招聘、统一培训的，当然这给58到家带来好处的同时也为其发展带来了一定的坏处。

（1）58到家还仅仅只是涵盖到家政、美甲、搬运这三类高频次消费，未来随着品类的不断扩张，所提供的上门服务质量就会难以更好地把控。同时，58到家的精力也会大大分散，要想做好每一个细分领域并非一件容易的事情。

（2）从平台的对比来看，58到家都是通过自家招聘服务人员来拓展业务的，而美团、大众点评则完全采取与第三方合作。58到家的平台模式与团购上门服务平台模式相比，在服务品类的延伸和扩张速度上落后于美团和大众点评。当然58到家除了这3项服务之外，其他的服务品类也正在寻找新的创业公司来完成，正在完成从自营到“自营+平台”的转变，不过这需要一个时间上的过渡。

（3）58到家最终所要打造的仍然是上门服务平台，这就决定了在品类的深度上永远无法与垂直平台相比。对于美业来说，也是一个需要深入细化的服务行业，在这一点上，58到家未来难以与河狸家同台较量。

总体看来，在未来短短的几年时间里，美业O2O一定会出现垂直巨头，但同时也将会有少数美业O2O依附在58到家、美团、大众点评等平台上生存。

3.6　教育O2O进入红海，传统教育难以为继

说起在线教育，国外在线教育市场要比国内成熟得多。早在2008年，美国加州就开始全州采用电子课本代替纸质教材。日本大学本科毕业要求接近半数的学分是通过“远程教学”完成的。韩国是世界上推行电子课本教学力度最大的国家。中国的在线教育经历14年的发展，已经到了一个火爆的状态，有人说在线教育热钱背后所呈现的是泡沫化现象，毕竟国内在线教育市场还没有出现一个真正的强势品牌。国内在线教育面临着以下诸多困难。

其一，教育质量很难把控。一方面，学生的学习情况参差不齐，教师需要有针对性地备课，远难于家政、按摩这些品类。另一方面，单靠学生的成绩来衡量教育质量存在一定的不合理性，学生的成绩好坏不是短时间内可以提高的，同时也存在诸多主客观因素。

其二，教育产品的消费决策更复杂。在教育产品的消费过程中需要消耗大量的时间精力，价格较高，体验环节复杂，所以决策上不会像搬家、美甲一样的简单，也不能像天猫、京东购物一样，挑最便宜、评分最高的就可以了。大部分教育平台上老师的描述差异化不明显，而且存在大量的同质化现象，所以教育产品的用户决策是一个很大的问题。

其三，机构内老师的口碑难以建立。很多K12用户会花几万元在大机构购买一对一服务（几百元一个小时），而这种情况很难在个人老师身上出现。这个问题也会影响用户对老师的决策，对O2O平台交易决策的影响至关重要，导致的结果就是转化率很低。同理，从淘宝看，最后优质的用户还是都跑到天猫了，也论证了个人淘宝卖家比不过组织化的机构卖家。由于好老师的培养是个浩大的工程，所以优质的供

给肯定严重不足，这对平台是一个挑战。

其四，工作强度不堪重负。对于老师而言，做好上课工作就很不容易了，在平台上还要完成客服销售、试听服务等一系列工作，为了一点点的收益增加，打破了教育行业原有的社会分工，大大挑战了老师的工作难度。除了极少数个别优秀的老师之外，绝大部分的老师是没有能力将营销、销售、授课、后期服务等多种能力集于一身。在这个低频、供给端要求复杂、交易决策困难、黏性不足的市场中，简单的将老师和用户做O2O的对接，不是烧钱就能成功的事情。

1. 各路诸侯纷纷介入在线教育

尽管新东方早在2000年就开始推出新东方在线，涉足线上业务，然而从整体上看，新东方对于在线教育的理解并没有跳出传统业务范畴。新东方只是把互联网作为工具打造产品形态的创新以补充完善传统核心业务，而互联网公司的出发点在于通过互联网重构商业模式。新东方文化的基因和互联网公司的思维方式格格不入，在传统领域的成长即将遭遇瓶颈，如果抓不住这波在线教育的机遇，很可能进入增长下滑期。因此与互联网巨头合作成为新东方转型之路的必然选择，除了与腾讯合作之外，新东方与其他互联网巨头之间的合作也存在可能。例如，新东方曾多次与百度合作，充分利用对方的大数据研发优势；在淘宝同学上，新东方的一些课程也在发售，取得了不错的成绩。

YY旗下独立教育品牌100教育推出强化班，囊括托福和雅思两大领域，直击外语培训市场。100教育打破了之前国内在线教育行业，线上平台绕过传统机构，直接在教师和学员之间建立联系，并推出永久免费托福、雅思强化班课程，完全覆盖线下强化班内容，且结合互联网产品、名师授课敲醒了沉睡中的新东方，直接冲击其核心收入领域。YY诞生于游戏平台，随着YY教育持续做大，也面临着一个压力。由于游戏氛围过重，因此让很多人觉得YY是娱乐和游戏平台，而非学习平台。

学而思本来就是一家互联网思维企业，更名好未来后将是对互联网思维更加深入的贯彻。好未来业务不仅限于各类线上线下的教育产品，还有平台型产品，也正在尝试新产品及围绕教育市场投资。好未来以1.5亿元战略投资宝宝树，在打通6～24岁产品线的基础上，借助宝宝树实现1～6岁阶段的产品布局。

众多传统教育机构都在塑造自己的互联网教育思维，除了新东方和好未来以外，学大教育也在谋求线上业务转型。2015年3月底，学大教育推出在线学习系统e学大，将承担着学大教育转型期的关键环节。

互联网正在对传统领域产生颠覆性改造，这是一个大机遇，为传统培训机构业务增长提供新的动力，但同时也正面临着来自巨头们的竞争与挑战。

亚马逊宣布收购在线数学教育服务商TenMarks，谷歌正在测试其C2C在线教育平台Google Helpouts，阿里巴巴集团宣布投资TutorGroup集团旗下VIPABC。巨头们对于在线教育市场的觊觎之心早已跃然纸上。

拥有教师情节的马云，依然想在教育领域做点事情，阿里从2013年推出淘宝同学，整合在线教育市场，经过一段时间的探索和成长之后，2014年2月，阿里投资真人在线教育平台TutorGroup。该真人在线互动式的英语培训平台拥有来自全球32个国家的合格认证教师，其大部分属于英语系国家。

腾讯也不甘落后，但与其他在线教育平台不同的是，腾讯课堂有其独特的发展模式，坐拥超过8.32亿的QQ用户，同时聚合PC QQ、手机QQ等多种渠道，为平台带来巨大的流量，通过搭建机构与用户的连接平台，一方面解决了机构难以寻找的用户痛点，另一方面又解决了用户在线上学习互动渠道的问题，以闭环方式打造在线教育平台。

随着百度全面进军O2O领域，百度有钱欲通过牵手百家教育机构，打造国内最大的职业教育O2O平台。百度有钱基于互联网入口和技术优势，深入开发布局教育产业，拓展包括教育信贷、研究生、MBA、留学培训服务等在内的一系列业务。百度有钱将陆续与更多教育机构展开合作，搭建教育信贷平台，为用户提供海量优质课程，最高信贷额度为5万元，让用户轻松支付学费，而还款最长可分18期，比信用卡更便捷，最大程度地减轻了用户的还贷压力。

2. 传统教育转型失败的原因

随着互联网和移动互联网的出现，各类在线教育平台先后涌现，进而带来了传统教育机构的变革和转型，不过还没有一家转型成功，原因如下。

从经营合理性来说，一个教育改革往往是由最底层倒逼过去的最优秀改革，因此教育机构的改革或者转型需要从三四线等城市开始，逐渐形成一个改革派，进而倒逼最优秀的分校来改革，因为到那时候，整个机构已经能够对大分校的业绩看不上了。

从市场的角度来看，随着移动互联网的步伐加快，过去因信息不对称等起来的企业会逐步失去一部分利益，随着时间的推移会慢慢趋近于零，这就是为什么传统教育机构急于转型互联网或者教育O2O的原因。当市场运营超脱于互联网的时候，就应该注意下一阶段的下滑，保住自己的核心与最具竞争力的部分才是教育要做的，而是否由互联网掌权或者由互联网人做校长都不重要，重要的是这个人要有互联网的意识，而非一味市场。

从战略角度看，无论在线教育还是传统教育模式都离不开互联网思维，互联网+教育是用互联网思维做教育，而非简单硬搬O2O概念，在线上课只是表层，而真正蕴含的深层是双方的促进，而不是改变教育形式，即使改变也没有几个能够改变。另外一个就是通过互联网来实现教育的相对公平，而不是教育+互联网。

3. 解决教育痛点才是王道

无论是线下传统教育辅导机构，还是线上原有O2O平台，都不应该陷入盲目的竞争而忽略教育的本质，真正做到以用户为中心，解决教育痛点才是生存之道。

首先，真正懂教育才有最大的说服力。在成功融资的几个教育O2O项目中不难发现，其创始人的教育行业背景都相当强悍，如在短短数月间完成3轮融资教育O2O平台的创始人胡国志，其前身正是大型传统教育辅导机构精锐教育的联合创始人。作为华南本土诞生的首家专注中小学学习服务的教育O2O平台名师宝，天使轮即获3000万元投资，创始人余龙出身传统教育辅导行业，在中小学生课外辅导领域深耕近十年，教育根基相当深厚。

其次，了解教育本质，解决用户痛点。一些教育O2O平台都忽略了教育的本质。在中小学教育的过程中，老师、家长和学生不仅仅是家校关系，更重要的是一种紧密的教育社群。他们之间的交流越深入密切，对孩子校内外延续学习习惯和成果的收效越高。而传统的在线教育无论是视频教学，还是题库、拍照答疑，学生和家长都不能直接与老师进行完全透明、畅通地交流，互动性明显不足，不利于实现教育的最终目的。教育O2O项目必须解决这种用户的痛点，利用互联网技术将学生、家长和老师紧密连接起来，使其更容易实现师生之间的“互动、交流、沟通”，而不是单纯的在线教育方式。

最后，拥有强大的教育资源整合能力是关键。普遍认为，教育O2O项目资金规模越大，分布区域越广，掌握的教育资源就越多。而事实并非如此，在优质教育资源短缺的今天，战线拉得越长，只能使得兵力更加零散，这种教育O2O在一线城市可能是“重兵驻扎”，但在二线城市明显就会出现“兵力不足”的问题。

4. 垂直在线教育成未来趋势

事实证明，资本市场更看好外语这种垂直在线教育。除此之外，金融在线培训市场也有着不错的前景，特别是A股进入牛市之后。比如，腾讯旗下的上海益学堂搞金融在线培训，为股民提供随时随地学习炒股知识、技术分析方法，配合在线互动讲解，利用自身专业签约股票培训师，在网站上线第一年就营收1.1亿元。

英语、股票教育市场并不是新市场，一直都在线下存在，而通过互联网这种工具将线下课程搬到线上，不再被授课场地、听课人数、听课时间、互动方式所限制，专业的培训讲师专心打造课程，整个过程体现出“互联网工具”的优势，也让教育回归教和学的本质。

这些例子对大多数K12在线教育创业者来说可能具有局限性，但无疑让投资人、创业者都明白一个道理，在线教育的重点不在于网站、模式，而在于教育本身。

教育O2O的未来将掌握在更加专业的真正懂教育，又熟练掌握互联网思维的机构，而一旦有这样的机构出现，必然会在教育O2O这片红海中脱颖而出，独战群雄。

3.7　母婴 O2O 大潮下，谁能率先冒出头尖

说到中国的垂直电商也真是一朵奇葩。除了聚美优品和唯品会发展得还算不错以外，其他的基本上都是一片惨象。不管是服装类的凡客，还是鞋子类的乐淘，亦或是母婴类的红孩子，当年都是如何的风光一时，现在都已经褪去了光环的色彩。在淘宝、天猫的电商环境下，难道中国互联网的垂直电商就真的没有希望了吗？

移动互联网的迅猛发展，终于让垂直电商们又看到了新的希望，尤其是O2O的兴起，更是让垂直电商们如获至宝。对于母婴这个仅仅依靠线上电商远远无法满足妈妈和宝宝们需求的行业，O2O重新焕发了它的勃勃生机。在资本的推动下，母婴O2O如雨后春笋般地涌现了出来，纷纷从各个领域冒出头，并欲趁着这股移动互联网的春风迅速成长为茁壮的参天大树。但是在大潮之下，哪种模式下的母婴平台会最终冒出尖来呢？

1. 线下连锁店

线下实体连锁店发起的母婴O2O以乐友育婴童为代表，通过线下实体积累的优势自然也是其他平台所不具备的。

首先，由于母婴不仅仅只是对母婴产品有需求，同时很多妈妈们对于母婴知识的获取等也有着较大的需求，而亲子活动、亲子教育等始终无法通过线上来完成，这就给线下实体店一个发展壮大的绝好机会。

其次，线下实体连锁店由于运营了多年，并且积累了大量忠实的用户，品牌知名度和用户忠诚度有着相当的影响力，开展线上商城也更容易获得妈妈们的认可。大家都知道，网购母婴产品最让妈妈们担

心的一个问题就是安全问题，尤其是婴儿食品方面的，很多母婴垂直电商平台就是因为无法迈开让妈妈们信任的第一步而导致过早夭折。

其三，实体连锁通过线下的会员能够为其线上商城导流，同时线上商城的用户也可以发展为线下实体店的会员，这种线上线下互动的模式在兵法上来说叫做掎角之势，击其头则尾至，击其尾则头至，二者相辅相成，形成了十分有利的战术布局。

总体来说，线下资源的积累是实体连锁店进军O2O最大的优势所在，但是想要在这个领域获得更大的突破并最终不沦为平台模式的一员，还需要突破两个难点。

第一个难点，需要弥补线上平台的不足，相比其他母婴电商平台，连锁实体店在线上的运作在体量上自然还是要差很远，需要投入更多的资金、人力到线上来，尤其是对移动端的打造，只有做线下的同时把线上完善了，才能形成真正的O2O闭环。本身线下实体店在线上的运营经验、技术等就存在不足，如果重视还不够的话，那么线上就只会是一个存在形式而已，并不能与线下形成很好的互动。

第二个难点，实体连锁店要想最终真正成为母婴O2O领域的霸主，还是要走平台的模式，必须吸引更多的其他线下实体店加入到自己的线上阵营当中来，与自己形成一个强大的战略联盟，这样既给别的实体店创造新的机会，同时也会让自己无形之中发展壮大，并成为武林盟主。

2. 垂直电商

母婴垂直电商自从红孩子被苏宁收购之后便一路受挫，同时也受到了资本的冷淡。好在O2O给了母婴垂直电商再来一次的机会，贝贝网、辣妈汇等垂直电商也再次获得了资本的热捧，并从2014年开始纷纷拿到了巨额的融资。红孩子被苏宁收购之后，继续独立运作，与之前不同的是，红孩子依托苏宁的线下连锁优势开始向O2O发起了进攻：一方面自己已经新开了8家红孩子实体店；另一方面还在苏宁线下实体店开设了母婴专区。这些垂直母婴电商继续在母婴O2O领域深耕细作，在未来还是有一定的胜算的。

第一，母婴垂直电商本来就已经在线上耕耘多年，尤其是红孩子，并且已经在线上占有一定的市场份额，对线下市场的拓展可有相当程度上的帮助：一方面线下实体店更容易获取人们的认知；另一方面线上的用户能够到线下去切身体验和感受，尤其是在网购比例并不是很高的三四线城市来说，线下体验就显得更为重要。

第二，线下的实体店用户会成为线上的流量来源，同时红孩子还借助了苏宁实体店的优势，能将苏宁的线下用户逆向引流到红孩子网上商城。

第三，母婴垂直电商的专注也是一个比较大的优势，通过专注，垂直电商在细节上、服务上会做得更好，也更懂得如何为用户服务。

母婴垂直电商此前的失败让它们比其他平台更珍惜O2O给自己带来的机会，但是要想真正在这场O2O大战中获胜也并非那么容易，机会来临的同时也面临着挑战。

一方面，拿线上来说，天猫、京东等综合电商平台在线上母婴市场占据着相当大的市场份额，要击败它们远没有自己想象的那么简单。

另一方面，作为垂直电商开始打进线下实体，在线下的运作经营经验也比不上传统连锁实体店，同时也没有前期的用户积累，一切需要从头开始，况且线下实体母婴市场的成熟度也已经比较高，此时切入从时机上来说丝毫不占优势。

还有一个方面，线上更适合母婴食品、生活用品的销售，而线下则更适合亲子教育课程、亲子活动、妈妈交流等活动的举办，这样才能真正有效的将线上线下结合起来，而不是线上卖产品，线下还继续卖产品，这一点是很多垂直电商开展线下实体店所犯的最大忌讳。

3. 线上社区平台

说到线上社区平台，以此作为母婴O2O突破口的平台有宝宝树、辣妈帮、妈妈网、爱败妈妈、元子等。对于很多妈妈来说，线上的交流沟通也是她们所需要的，尤其是出门行动并不是很便利的怀孕妈妈，线上的交流就更显得重要，正是这个强大的需求，催生了这些线上社区平台的蓬勃发展。

对于线上社区平台来说，平台的活跃度是其最大的优势所在，通过借助社区积累的强大用户基础，这些母婴社区也就顺势推出了自己的电商平台，不过广告仍然是它们非常大的盈利来源。这些平台在为妈妈们提供学习知识、分享和交流经验的同时，组织线下活动自然也就会显得更加顺手。一方面，它们可以借此来打造自己的线下亲子活动品牌连锁店；另一方面，它们也可以为其他的线下用户推送精准的中小企业广告服务，介入到线下服务环节。

同时，对于这些线上社区来说，在电商方面的不足会是其打造母婴O2O闭环最大的劣势所在。大部分来平台的妈妈们都是奔着交流和学习的目的而来的，并不是为网购而来的，在用户的购买习惯上，社区平台有着先天的不足。此外，对于社区平台来说，它们打造母婴电商平台也会遇到更多的经验不足、物流、商品质量、市场竞争等系列问题。

4. 垂直媒体平台

从某种角度上来讲，垂直媒体平台与线上社区平台有着非常大的相似之处。不同的是，线上社区平台更注重的是互动，而垂直媒体平台更注重的是知识的提供。一个是妈妈们通过主动沟通去获取知识，另一个则是妈妈们通过线上阅读去获取知识。很多媒体平台，诸如搜狐、新浪等大型综合门户都开设了母婴专栏，不过在进军母婴O2O的路上，太平洋亲子网等垂直亲子门户似乎走得更快些。

对于母婴垂直媒体平台来说，通过借助媒体这个知识提供特性作为流量入口，为妈妈们打造最全面、最系统、最专业化的知识信息服务，可积累大批忠实的妈妈用户，借助用户的积累再推出线上互动，更容易盘活平台的活跃度。与线上社区平台一样，垂直媒体平台的主要盈利方式也是来源于广告，同时线上导购与线下产品试用等活动相结合，完善O2O的闭环。

垂直媒体平台要想真正把自己打造成一个强大的母婴O2O平台，就必须在线上线下同时与更多的母婴用品店、亲子连锁店等联合起来，但垂直媒体平台自身的电商平台模式缺陷及天猫、京东等电商竞争对手的强大，让其很难在该领域有较大的作为。不过依托广大妈妈们对母婴知识的需求，垂直媒体平台和线上社区平台将会继续在母婴知识领域繁荣下去。

5. 综合电商

从整个线上母婴用品的市场来看，天猫和京东仍然占据着主要的市场份额。综合电商平台打造母婴O2O平台的优势自然十分明显。流量入口、支付闭环、用户购物习惯、用户信任度、平台优势等都是综合电商平台进军母婴O2O的有利条件，但是要想称霸整个母婴O2O领域，综合电商平台还需要从以下几方面下功夫。

其一，尽管综合电商平台在母婴用品的销售上占有优势，但是在线下服务中却丝毫没有占到什么便宜。眼下京东已经悄然在京城开设了京东的首个母婴体验店，而天猫似乎并没有打造线下母婴体验店的打算。与天猫、京东合作的母婴店都是食品和母婴用品供应商，而亲子教育、亲子活动等店铺接入天猫、京东的并不多。即便京东自己在尝试开设体验店，但又能开几家呢？天猫和京东必须要加大对线下体验店的开放，提供更多的入口，才能真正打通线上与线下的闭环。

其二，从O2O的服务性质角度来看，综合电商平台比不上线下实体店、社区、团购网站等。这就需要从改变用户的认知习惯开始，要让用户觉得天猫、京东不仅仅只是一个购物平台，还是一个服务平台，才能真正让用户享受O2O服务的同时会想到天猫、京东。

其三，从实力上来讲，综合电商平台确实是其他平台短时间无法对抗的。但是也正是因为它们的盘子过大，导致对母婴O2O的重视程度和投入比例比不上其他平台。难道非要等到母婴O2O出现了一个巨头并对它们的线上产生威胁之后才开始真正反省，真正重视吗？所以，综合电商平台单独推出一个专门针对母婴用户的O2O平台是非常有必要的，就像淘宝针对外卖推出的淘点点。

6. 母婴品牌商

在母婴O2O领域，有着最大野心的当属母婴品牌商合生元，通过开放自家的O2O平台，全国已经有超过2万家的母婴店与合生元推出的妈妈100达成了合作，同时也为妈妈们提供了同城活动、育婴顾问、育儿杂志等服务。

首先，作为一家闻名世界的母婴用品品牌商来说，合生元在品牌上的优势自然非同小可，所打造的线上线下结合平台很容易获取用户的信任。

其次，作为一个奶粉品牌商，合生元此前就已经与很多线下商家达成了合作，为打造O2O积累了大量的线下渠道资源，否则也不会在短时间内让超过2万家的母婴用品店介入妈妈100平台。

其三，母婴O2O整个行业的竞争是相当激烈的，妈妈100背后的强大资金实力也会让其在后面的价格战中占有一定的优势。

其四，作为一个著名的奶粉生产商，合生元在食品质量、供应链管理等多方面也有着更多的经验。

最后，从全球化的角度来说，合生元是一个法国品牌，在全世界都有相当的影响力，其打造的O2O平台也更容易在国际舞台上快速拓展。

不过合生元打造母婴O2O巨无霸还需要在两个方面补充能量。

一个是线上平台需要投入更大的力度，尤其是相比天猫、京东等平台而言，妈妈100的线上活跃用户并不是很多，甚至还远远比不上很多线上社区平台、垂直媒体平台。如果缺乏给线下商家足够的导流，那么最终在商家站队取舍时，自然就会选择能给自己带来更多用户的平台。

另一个就是线下同样也需要补充能量，与天猫、京东一样，与合生元合作的都是母婴食品商家，线下的母婴活动、亲子教育店面照样很少，不利于线上与线下更好的互动。当然也许有人会提出疑问，母婴O2O本来就分为母婴用品O2O和亲子活动O2O等。但是母婴O2O应该是一个生态闭环，缺一不可。

7. 团购网站

从整个母婴O2O的格局来看，做得比较早的当属团购网站。通过线上展示，为很多线下母婴亲子店导入一定的用户来源。几大团购网站在价格、入口等方面都有一定的优势，不过要打造一个真正的母婴

O2O闭环，团购网站恐难以完成这个艰巨的任务。

第一点，不管是母婴用户还是线下亲子互动商家都只把团购当做一个促销平台，尤其是团购网站上的母婴用品交易所占的份额十分少，难以在规模上形成一个巨大的母婴O2O平台。

第二点，一旦其他平台与线下更完美地结合起来，团购的资源优势就会降下来。一来商家更愿意与不打折扣同时也能起到宣传效果的平台合作；二来团购所享受的服务品质同样也打折扣已经是司空见惯了。对于大多追求品质且愿意为孩子花钱的妈妈们来说自然也就不愿意选择团购。

第三点，团购的主要业务集中在餐饮、电影、KTV、酒店这几个方面，要想在每一个领域都取得突破恐怕比较困难。另外，从产品的属性上来看也不是所有的领域都适合团购，母婴O2O更注重的是服务的品质，而不是价格。

8. 海外代购

随着中国妈妈们越来越偏爱国外的产品，母婴行业的跨境电商迎来了一个绝佳的机会，洋码头、蜜淘、蜜芽宝贝等海外代购平台纷纷崛起。同时，这些海外代购平台也设立了线下体验中心，通过这种体验中心的模式让用户近距离、直观地看到产品、体验消费，让用户亲身体验海外购物的轻松、便捷、可靠。虽然说是机会，不过海外代购平台进军O2O的希望并不是很大。

首先，海外代购平台面临的最大竞争强敌同样来自天猫，眼下正处于天猫的快速全球化阶段，母婴用品海外代购会是天猫的重心之一，很难在规模上敌过天猫。

其次，海外代购平台设立线下体验中心数量会非常有限，对于很多妈妈们来说还是非常不方便，她们更希望能够在家附近随处搜索到相关产品的体验店。

9. 线下社区O2O

最后再来看看聚焦于本地母婴生活服务的一些社区O2O平台。它们通过为附近社区妈妈们组织亲子嘉年华、妈咪课堂、辣妈服装秀等活动的同时，会为妈妈们提供包括月嫂、产后修复、摄影卡券、早教课程等个性化母婴服务，同时，还会引导妈妈们到线上平台购买奶粉、玩具等产品。

从线下的互动角度来说，这种社区服务是非常有优势的，一旦在某一个地域打开市场，就很容易在这片地域占有一席之地，不足的是由于这种忽视线上重视线下的服务，会让扩张速度变得非常慢，同时也需要大量的人力来宣传、运作。这种线下的社区O2O平台与线下实体连锁店的运营模式在一定程度上有着很多相似点。

综上所述，如果仅仅从线上母婴电商的销售市场份额情况来看，天猫、京东、红孩子这三大平台占有一定优势。如果从整个母婴O2O大潮中来看，眼下还远远没有形成定局，九大模式只是分别进入母婴O2O的切入口，每一种模式都有优势和弊端存在，要脱颖而出，还需经历九九八十一战，方能胜者为王。

3.8 美团收酷讯与携程杠上，酒店变天

在2014年的中国在线酒店市场份额中，携程、去哪儿、艺龙分别位居行业的前三名。不过到了2015年5月底，市场格局却突然发生了变化，携程出资约4亿美元，溢价100%收购了艺龙37.6%的股权，成为了艺龙的第一大股东，过去的三足鼎立也由此变成了二王争霸。然而来自美团2015年上半年的业绩却显示，美团上半年的酒店夜间数量达到了3356万，交易额为53亿元，成为了中国第二大酒店在线交易平台！

不过这还没有完，美团又突然向媒体证实全资收购了酷讯网。酷讯网从创业开始就一直是通过搜索技术来提供机票、酒店、度假等搜索信息的，覆盖到全国的城市多达200多个。其中酒店搜索范围就达到8万家，这对于携程来说，无疑又是当头一棒。携程最大的业务就是来自于酒店，龙榻之上岂能容他人酣睡？

1. 美团为何突然宣布业绩

对于美团所公布的上半年业绩，外界也是看法不一。先来简单看看美团为什么要突然公布上半年的业绩。

（1）百度李彦宏宣布把200亿元重金砸向百度糯米，如此大的一笔资金砸下去，对于美团来说无疑是巨大的压力。美团在团购领域暂时处于领先的位置，但是在未来的大O2O时代，美团也才刚开始。这场大战的胜负还远远没有结束。糯米自从被百度接手以来，一直发力较猛，此次李彦宏砸200亿元，摆明了是要死磕O2O这个入口，美团岂能不紧张？

（2）第二个威胁来自于阿里巴巴，阿里与蚂蚁金服投资60亿元扶持口碑网，并发布具备O2O周边生活服务和社交功能的最新版支付宝。很明显，作为美团股东的阿里巴巴，对于掌控美团是不抱希望了，阿

里干脆直接自己大干O2O，打打美团的嚣张气焰，等哪天美团没钱了，耗不起了再来继续控股。

（3）大众点评作为团购领域的老二也一直在追赶美团，虽然大众点评的攻势不是非常猛，但是毕竟大众点评还有腾讯这个靠山，而且大众点评还有微信这个入口在支撑，百度、阿里都在加强布局，不排除腾讯下一步可能会有针对大众点评的大动作。

（4）美团自身的资金已经非常紧张，急切需要新的融资，如果没有充沛的备用资金，则很可能就会被BAT的烧钱大战给拖死，所以美团需要公布足够可观的数据来给投资人看，从而拿到更多的融资。

2. 美团酒店对携程威胁究竟有多大

面对BAT的三方围剿，再加上自身的资金紧张，不难看出，美团的这份上半年业绩报表存在一定的水分，其意图就是要融资，打消外界对美团的担忧。是不是美团所有的酒店数据都是做假做出来的呢？当然不是。美团的酒店预定对于携程来说还是具有相当的杀伤力的。

首先在酒店团购中的市场份额，美团已经远远超过了携程。酒店团购占据整个在线酒店预订市场10%左右的市场份额，又占据了酒店团购超过一半的市场份额，借助酒店团购这个市场根基，进军在线酒店预订就前可进、后可退了。

其次，美团超过90%的业务都来自于移动端，足以说明美团在移动端还是存在一定的入口优势的。如果把酒店单独列出来，美团就可以像猫眼电影、美团外卖一样再打造一个单独的美团酒店APP，直接对携程构成威胁。

最后，美团拥有一个强大的地面推广团队，已经深入到全国的每一个城市，这对于美团拓展线下酒店商家来说拥有非常大的优势。国内很多酒店都比较分散，在三四线城市的酒店拓展上，美团要比携程更有优势。

3. 最终胜负取决于模式对抗：地推直销PK坐销

美团与携程之间的较量最终是两种模式之间的较量。美团从团购起家，而携程则从星级酒店预定致富。美团之所以能够在短短的几年时间里抢占到相当部分在线酒店的市场份额，与其强大的线下地推直销是分不开的。这一点从去哪儿在酒店市场的迅猛扩张上也可以看出。去哪儿自2014年成立了强大的地面直销之后，选择从低端市场作为突破口，而后稳固低端市场，再向高端市场进攻的策略让去哪儿的酒店市场份额一路飙升。

携程将1万多人的客服摆在办公室里接电话，被动等待客户电话预定，这种坐销的模式在团队的战斗力上面会远远不如美团、去哪儿的地面直销强势出击模式，而在收购艺龙之后，对于携程来说，其实也并没有太多实质性的帮助，反倒会扩大携程的亏损。

在酒店的中低端市场，美团和去哪儿的地推模式已经在这个领域开始领先携程，而携程继续保持的坐销模式能否让其坚守住高端市场的份额，着实让人有几分担心。

总体看来，美团这一次收购酷讯足以说明了要在在线酒店市场做大做强的决心，凭借着强大的地推团队将向携程发起更猛烈的攻击，当然携程也定然会采取反击的对策，二者之间在酒店上的对抗将会进一步升级，未来的在线酒店市场鹿死谁手尚未可知。

3.9 论O2O电影的持久战

O2O好不热闹，先是百度宣布向百度糯米砸重金200亿元，随后阿里与蚂蚁金服60亿元复活口碑网并推出新版支付宝。面对巨头们的频繁大动作，美团终于按耐不住了，高调晒出了2015年上半年的业绩，并收购了酷讯网，一则告诉外界美团依然很有实力，不惧怕BAT；二则告诉投资人，要对美团有信心，同时也希望投资人可以继续给美团投更多的钱。

巨头们纷纷都打出了要连接一切服务的O2O口号，从阿里推出淘宝电影、腾讯单独推出微信电影、百度糯米200亿元的第一弹投向暑期购影票送豪车并与《小时代4》深度合作来看，BAT都认定了电影将会成为它们布局O2O大生态圈的切入口。随着BAT三家进入电影行业，电影行业电商化、O2O化的进程可谓是暗潮汹涌。

1. 阿里内战：阿里斗不过美团

说起阿里与蚂蚁金服投资60亿元复活口碑网实属无奈之举。美团不听阿里使唤，一心想要成为中国互联网第四巨头。面对在线电影这个巨大的O2O切入口，阿里无法掌控美团和猫眼，只能推出淘宝电影前来应战。

淘宝电影在入口上可以借助手机淘宝、支付宝、UC浏览器等阿里系应用作为支撑，同时淘宝电影在资金上不缺钱，但是淘宝电影起步晚，而且用户的消费习惯还没有养成，在电影市场所占的份额并不高。与此同时，淘宝电影与口碑网并没有打通资源，形成统一的战线，势单力薄恐难以战胜猫眼。

相比之下，美团猫眼依托团购积累的商家资源和用户资源，在电影市场上占据了先天优势。猫眼的整个在线电影票务市场份额排名第一，淘宝电影在短时间难以追上。从发展形势来看，淘宝电影干不过美团猫眼，但是淘宝电影依托阿里平台强大的入口和资金实力是美团猫眼无法忽视的。美团不仅仅只是局限于团购领域，而是将范围扩大到了各类O2O服务，包括各类上门服务。随着美团战线的不断扩大，美团猫眼必将面临资金上的巨大压力。

2. 腾讯内战：腾讯要抛弃大众点评

阿里的内战是要征服美团，而腾讯的内战则大有要抛弃大众点评的意思。腾讯入股大众点评之后，就对其开放了微信接口，无奈大众点评在生活服务领域的市场份额不但被美团甩得越来越远，还大有被百度糯米超越的趋势，在线电影票务市场上甚至还被百度糯米反超了一大截。很明显，大众点评的这种慢文化已经有点跟不上移动互联网的快节奏。无奈，腾讯只能再度推出微信电影。

从线上角度来说，借助微信在移动端庞大的用户基数，同时万达影业对线下商家的大力支持，微信电影在多方面已经超过了大众点评。在由美团、百度糯米、大众点评组成的团购三强阵营中，大众点评是最危险的，虽然获得了腾讯的战略投资并取得微信的入口资源，但实际上并没有得到多少帮助。

不过让人有些不解的是，微信并没有把微信电影放到与京东同等级别的入口位置，而是放在与大众点评同等级别的深入口，对于用户体验和购买来说无疑打了个折扣，这样微信电影只能借助微信朋友圈广告这个入口来获取更多的用户资源。此外，据可靠消息称，微信电影2015年还要单独推出APP。很明显，微信电影一方面是因为嵌入的Html5在用户体验上存在不足；另一方面，微信给的深入口在导流上还是存在一定限制的，否则大众点评也不至于陷入今天的尴尬境地。

3. 持久较量：资本与入口是基础，服务才是制胜关键

BAT进入O2O电影业仅仅是个开端，在O2O电影领域的胜负远没有揭晓。换句话说，O2O电影其实是个持久战。

从BAT的电影O2O对抗形式来看，阿里推淘宝电影其实知道自己

很难做起来；大众点评在电影票务市场俨然已经开始落后于猫眼和百度糯米；而同等入口的微信电影很有可能最后只是跟大众点评一样的结局。至于百度糯米豪掷200亿元，来势汹汹，首战就进攻电影，摆明了就是要跟猫眼一决高下。那么，百度糯米与猫眼谁才会是未来电影O2O真正的王者呢？

从资本的角度来对比，百度对百度糯米豪掷200亿元，而猫眼却正面临着资金上的巨大压力。从美团公布的2015年上半年业绩来看，虽然数据非常好看，但是美团为何要突然号召所有媒体公布这样的数据？很明显，美团急切需要资本对它的信心，如果能够融到巨额资金还好，融不到的话，猫眼很有可能会输。

从入口的角度来对比，美团在PC端和移动端都拥有一定的入口优势，在移动团购APP下载排名中，美团排名第一，百度糯米排名第二。2014年以来，百度将糯米拉入了核心战略产品阵营，意欲把糯米打造成百度进入O2O的急先锋，同时，也不遗余力地将手机百度、百度地图的流量导入糯米，实际上，在流量入口上，百度并不比美团差，甚至是实力更强些。

从大数据、智能推送的角度来对比，百度具有深厚的技术积淀，基于大数据、云计算、深度学习、NLP、LBS等技术能够挖掘潜在需求，针对用户隐形需求进行智能推荐，匹配最优的观影组合（影片、院线、出行路线），将潜在的观众转化为实际观众。美团也并不服输，同样也推出了大数据分析，只是实践较少，疗效如何还未知。

资本、入口、技术是O2O平台的基础，综合来看，百度糯米电影略胜一筹，但是猫眼电影凭借绝对优势的市场份额稳居在线订票量第一的位置，那么问题来了，在O2O电影持久战的情况下，决胜的关键是什么呢？

实际上，O2O平台的本质是满足人的需求，换句话说是以人为本的服务平台，O2O制胜的关键是服务，是用户、商户双赢的结果。最初团购起家都是靠补贴打价格战，价格战的结果就是极大地压榨商家的利益，用户是哪家便宜去哪家，像随季节迁徙的候鸟，毫无黏性可言。另一方面，团购的低价也让用户的体验极差，美团在很大程度上是用价格牺牲了体验。

好在美团和百度糯米都意识到了这一点，双方纷纷表示进入“去团购化”时代。似乎只有百度糯米给出了一个听起来靠谱的解决方案——“会员+”。据此前百度方面的数据来看，百度糯米发起的“37女生节3.7元起看电影”、“劳动节不劳动，看电影5.1元起”、“718暑期大放价”等线上购票活动都取得了不俗的成绩，10万张会员卡一朝售罄。影院的会员也没有被强制洗掉，反而是自主经营，提高了院线的主动性。另一方面，“会员+”让观影用户的体验大大增加，除了低价购票外，影院的附加服务、尊享体验也让用户有了新的观影体验。

百度糯米电影已经从院线、用户双向出发，正试图探求一个共赢的商业模式。但是互联网行业每天都在上演各种血战，O2O电影之争才刚刚开始。

第 4 章　娱乐休闲类 O2O

旅游亏损背后：市场争夺步步惊心

集体亏损，去哪儿何以逆市而上

团购遇上旅游，酒店 O2O 谁主沉浮

途牛、众信一战，新旧替换是必然

传统连锁酒店 O2O 突围全面开花

旅游 BAT 代理人战争打响，携程最受伤

去哪儿携程酒店五折大战十大分析

一场说走就走的旅行，是很多文艺青年所向往和憧憬的。随着移动互联网的快速发展，这种愿望已经成为了现实。在各大OTA的移动应用中，人们可以进行快速消费，来一场未知的邂逅。娱乐休闲具有与生俱来的“流动”属性，从而引导技术、资本的流动。在这种模式下，娱乐休闲行业也正走在一段未知的旅程中。

4.1 旅游亏损背后：市场争夺步步惊心

互联网这个行业，背后真正玩的是资本。从千团大战、滴滴快的对决再到今天的在线旅游混战，烧钱似乎永远都停止不下来。近日旅游O2O领域四大在线旅游上市公司的集体大亏损，更是让外界有些咋舌。

携程，作为国内在线旅游市场的老大，首次加入了亏损的行列。携程2014年第四季度净亏损为2.24亿元，这是公司上市以来的首次亏损。

去哪儿，2014年全年总营收入为17.568亿元（合2.831亿美元），同比增长106.5%，与此同时，2014年去哪儿全年运营亏损高达18.448亿元（合2.973亿美元）。

途牛，2014年净收入为35亿元（合5.697亿美元），同比增长81.3%。同时，全年四个季度全部亏损，2014年净亏损达到4.479亿元（合7220万美元）。

艺龙，2014年第四季度净收入为2.462亿元（合3970万美元），但2014全年同样净亏损达2.69亿元，亏损额度相比2014年进一步放大。

其实，亏损的远远不止这四家旅游O2O公司，几乎所有的旅游O2O公司都在亏损。旅游O2O平台之所以都会如此疯狂地砸钱抢夺市场，其实都是在做百米冲刺前的加速。眼下旅游O2O领域正处于一个两超多强时代，还没有完全形成定局，但是在未来3年左右的时间里，旅游O2O定然迎来寡头时代。对于所有的旅游O2O平台来说，如果不烧钱，到时候想烧钱都没有机会了。在资本的推动下，以下五大领域成为了旅游O2O烧钱大战的主要战场。

1. 酒店O2O

酒店对于旅游O2O来说是争夺的重心所在。在酒店团购出现以前，在线酒店预订的市场份额几乎被携程、去哪儿、艺龙这三家所瓜分，通过在线预订的酒店也几乎都是以经济型的酒店为主，而团购出现以后，又集中在经济型酒店，但是低价的酒店团购却对此前的在线酒店预订构成了严重的威胁。与传统OTA相比，酒店团购有着不小的优势：

其一，酒店团购采取的都是先支付的形式，一旦用户先在线付了款，用户的到店率就能大幅提升。据统计，酒店团购的到店率能够达到90%，大大超过传统OTA的到店率。

其二，对于商家来说，把一些酒店入住率不高的时段低价团购出去，这样既能保证收益率，还能通过团购进行品牌宣传，甚至还能把一些经常喜欢团购的用户变成自己的忠实用户，所以很多酒店商家都愿意与团购网站合作。

其三，酒店团购的价格往往比较低，比传统OTA的在线酒店预订要低很多，对用户来说具有很大的吸引力。

其四，移动互联网时代的到来，让酒店O2O大为兴起。很多人会直接通过手机来搜索附近的酒店，而团购借助地图、手机APP等应用占尽了先机，大大刺激了本地市场对酒店产品的需求。

既然酒店团购相比传统OTA有着明显的优势，在线旅游平台也就开始纷纷转向酒店O2O，并进军酒店团购，抢夺市场份额，成本也就大幅提升，利润大幅下降。

第一，原来各大在线旅游平台的酒店预订主要集中在一二线城市，在这些城市展开团购合作多少都会有些资源积累。但是面对美团、大众点评纷纷进军三四线城市，在线旅游平台自然不能放弃这部分市场。所以从2014年开始，去哪儿、携程等旅游平台纷纷大举进攻三四线城市，与团购网站展开酒店O2O竞赛，这也就在一定程度上导致了在线旅游平台的亏损。

第二，对于酒店在线预订平台来说，进军酒店团购同时也就伴随着价格的降低，自然也就意味着利润空间的大幅缩减。

第三，人工、广告成本大幅增加。尤其是进军酒店O2O，打通线上线下，需要大量的地推人员。

2．票务市场

说到票务市场，机票是在线旅游平台渗透率最高的一个领域。这个领域几乎被携程和去哪儿霸占。很多人都说国内的在线旅游分为四大派系，分别是携程系、腾讯系、阿里系和百度系，其实都不过是人云亦云。如果说淘宝旅行属于阿里系，这自然无话可说；说去哪儿属于百度系，也勉强说得过去，虽然百度占股70%，但是运营管理却完全是去哪儿单独作战；要说艺龙、同程等属于腾讯系，穷游等属于阿里系，则完全说不过去，毕竟阿里、腾讯只是战略投资，不能说阿里、腾讯投资了，这家旅游平台就跟阿里或者腾讯姓了，其他还有那么多股东能答应吗？

所以不要觉得BAT有多可怕，也不要什么都跟BAT扯上关系，在未来的万物联网、人工智能时代，一定会有新的公司颠覆BAT。就拿机票在线订购来说，阿里和腾讯又有多少市场份额呢？真正冲击在线旅游平台票务市场的，还是O2O和团购，尤其是旅游景点的门票团购。

在O2O出现以前，在线旅游平台除了机票预订比较火爆之外，其他实际上都没有太多的市场份额。火车票更多的还是在线下和铁道部官网购买。旅游景点的门票和汽车票几乎很少有人通过旅游平台购买。

O2O和团购出现之后，引爆了旅游景点门票的在线购买。面对美团、大众点评、百度糯米等团购网站的步步紧逼，旅游平台不得不出来竞争，同时也推出门票团购与之竞争。与酒店O2O一样，为抢夺市场份额自然也就导致利润下降，亏损也就很正常了。

3．租车、专车市场

移动互联网时代涌现了很多新的公司，滴滴、快的两大打车公司从对战到最后结合点燃了国内整个旅游租车市场。于是，携程、去哪儿等旅游平台又纷纷开始进入到旅游租车市场，并推出了租车、专车等服务。

不过要吃下旅游租车市场，在线旅游平台面临的竞争着实不小。目前出租车市场已经被滴滴快的霸占，根本没有旅游平台什么戏了。专车市场领域，神州租车、一嗨租车等哪一个都不弱，同时还面临着来自PP租车、宝驾租车、友友租车等P2P租车平台的竞争。

对于在线旅游平台来说，新业务的推出和拓展同样也需要大量人力、物力、财力上的输出，不亏损才怪。但是要打造一个完整的O2O产业链，租车、专车市场却又是旅游O2O平台不得不做的，吃、玩、住、行缺一不可。

4．休闲旅游

休闲旅游对于各大在线旅游平台来说，是竞争相当激烈的一个领域。在国内市场，休闲旅游占据整个旅游市场份额的20%左右，随着经济的不断发展，人民收入水平、文化品位的不断提升，未来国内的休闲旅游市场份额将会与发达国家持平，达到50%。

近几年，自驾游、自助游、房车游等新型休闲旅游方式的兴起，也让各大在线旅游平台开始逐步转移旅游市场的重心，纷纷推出“漫游”型、自由行、半自助游等旅游产品。于是，休闲旅游市场也就成为了各大在线旅游平台新的战场。从2014年开始，这个领域就正式迎来了剑拔弩张、硝烟弥漫的“乱战”时代。

去哪儿特制“消费者可用1元最高换购500元现金红包”；携程首次推出“买一送一”优惠活动；同程、途牛也纷纷推出了1元门票活动……

5．无线市场

移动互联网的兴起，带动了O2O的全面发展。争夺无线市场，抢占O2O这一制高点也就成为了各大在线旅游平台的重中之重。不管是去哪儿、携程，还是途牛、同程等旅游平台，都把未来发展的重点放在了无线业务上，当然成本也自然就随之不断增长。

首先，人工成本的支出。成立移动端事业部，需要引入新的技术人才和运营人才。

其次，开发成本的增长。移动APP的用户体验十分重要，要打造一款适合用户体验更佳的移动产品，需要领先的核心技术。

最后，推广成本是最大的一块支出。与几年前刚开始推出移动端不同，不论是去哪儿、携程，还是途牛、同程、艺龙等，获取一个移动端口用户的成本都在不断增加。

可以毫无疑义地说，各大旅游O2O平台未来谁能够称霸无线领域，谁就能够称霸整个市场。

总体来说，抢夺市场是导致四大上市旅游公司集体亏损的主要原因。2014年12月4日，携程CEO梁建章在新产品发布会上透露，未来携程将拿出10亿元继续打价格战，推出不同档次和领域的零利润旅游产品。次日，去哪儿网CEO庄辰超在公司内部讲话中高调表态，两军相逢，看总收入没有意义，去哪儿有技术和成本结构上的优势，不怕打价格战，而且可以旷日持久地打下去。

“放弃利润、拥抱市场”已经成为旅游O2O平台竞争策略的主基调，未来还会继续在酒店、票务、租车、休闲旅游及无线这五大领域展开烧钱大战，而且火药味会更浓。

4.2 集体亏损，去哪儿何以逆市而上

2015年3月，国内四大上市旅游公司纷纷公布了自己的第四季度财报，亏损一片。不过在这个亏损一片的现象背后却出现了一个怪圈，去哪儿市值近日连续大涨，在短短半个多月的时间涨幅超过55%。去哪儿的市值已经超过50亿美元，位居中国互联网公司的第14位，中概股的第9位。

对此，很多人表示不解和困惑，同样是亏损，去哪儿凭什么能够获得资本如此亲睐？带着系列疑问，经过仔细调查过后发现，去哪儿之所以会出现大幅度亏损，主要原因就是因为把钱花在了市场的扩张上，导致成本大增。但同时也正是因为大笔的烧钱，去哪儿在以下三大领域获得了长足的进展，并被资本市场普遍看好。

1．酒店，三驾马车齐头并进

近日，去哪儿宣布，即日起在全国范围开展酒店五折促销活动，活动覆盖全国近400座城市，参与活动的合作酒店超过10万家，率先发动了酒店价格战。

2015年4月14日，去哪儿在中关村发起的“扫我开房，五折优惠”活动引发了轰动：数位身材傲人的美女胸前举着“扫我开房”的二维码标语活动牌引发了路人的狂扫。很多路人途经此地也忍不住扫了一下，当然不只是为了“开房”，更是为了“300元的周边红包”。

如此大规模的发动价格战，足见去哪儿的实力和雄心。2014年1月，去哪儿成立目的地事业部，推进直签酒店扩张。2014年第四季度财报显示，酒店直销量已经占去哪儿酒店销售总量的66%。2014年全年去哪儿的酒店预订量同比增长105%，并已成为国内第二大在线酒店

预订平台，成为所有在线旅游平台增长最为迅猛的一个。去哪儿的三架酒店马车正齐头并进，为强大的旅游帝国保驾护航。

第一架马车：地面主攻团购市场。2014年，去哪儿成立了强大的地面直销，包括销售、研发等招了2600多人。每个销售负责150个小旅店，手把手教那些小旅店老板怎么用手机上的APP，又组建了一个防控中心，每天提醒小旅店核实价格，避免因价格不符的拒单现象出现。从成立之初的10个月内，直签合作的酒店从几千家狂飙到22万多家，数百个城市酒店的团购超过了美团，尤其是在日照、保定等城市，超过美团酒店夜间量的比例高达160%以上。

第二驾马车：重点争夺中高端市场。2015年2月初，去哪儿立下豪言，2015年去哪儿酒店将在各个细分市场争取第一，高星酒店是业务中的重点。据了解，去哪儿还推出了高端酒店联盟，希望借此快速扩大在高端酒店板块的业务。

第三架马车：无线酒店。无线一直是去哪儿的强势领域，2014年第四季度，无线预订量已经占到酒店夜间总数的70%。

由此可见，去哪儿在酒店市场的突飞猛进受到了投资市场的一致认可，同时投资者们也非常看好去哪儿未来在酒店领域的作为。

其一，去哪儿成立强大的地面直销，选择从低端市场作为突破口，稳固低端市场之后再向高端市场发起进攻。去哪儿所采用的这种农村包围城市的酒店战略大受资本称赞。

其二，去哪儿采用的是平台模式，以搜索比价为核心，这对于去哪儿进军高端市场也有相当大的优势。很多用户通过去哪儿预定的高端酒店价格比在其他平台预定的价格要低三成左右，对用户来说自然会更愿意选择价格低、酒店服务同等的平台。

2. 机票，一家独大趋势日显

在线机票的竞争是最为激烈的，去哪儿的机票预订占据整体机票市场超过20%的市场份额，并占据整个在线机票市场超过50%的市场份额，去哪儿在机票领域一家独大的趋势日益明显。

对于在线旅游平台来说，机票和酒店是两块最大的业务，去哪儿在酒店领域的突飞猛进，在机票领域一家独大趋势日显，也无怪乎资本市场如此亲睐。相比其他机票预订平台，去哪儿在机票预订的优势也将继续保持：

第一，去哪儿收录了最全的航空公司直销网站和优质代理商的官网数据，国内没有任何一家其他的公司可以与其比拟。对于一些规模尚小，却拥有优质资源的代理商，去哪儿推出了去哪儿预订助手服务，帮助这些机票代理商通过线上将有竞争力的机票资源分享给更多的用户。

第二，去哪儿所推出的预订助手将预定速度缩短至15秒，是行业平均预定速度的四分之一，大大缩减了用户预定机票的时间，提升了平台的效率。

第三，去哪儿作为一个在线机票预订平台，加入的航空公司直销和优质代理商非常多，促进了平台的良性竞争，自然价格方面也就会比其他机票预订平台要低出不少。尤其是对于一些收入并不是很高的用户来说，价格是一个非常大的吸引因素。

第四，很多人购买机票，往往会通过百度去搜索，百度给予去哪儿的全力支持也是去哪儿在机票领域能够一家独大的强大 后盾。

3. 无线，遥遥领先

去哪儿公布的2014年第四季度财报显示，无线收入占比首次达到总营收入的50%左右，无线预订量占总机票量的46%、酒店夜间总数的70%，成为国内互联网公司在移动端收入比例最高的公司。

未来的时代属于移动互联网，可以说哪家互联网公司在移动互联网占据优势，谁就最有可能在未来成为该领域的老大，去哪儿在无线端的卓越表现也受到了华尔街资本的大加赞赏。

首先，率先布局移动互联网，让去哪儿在无线端占尽了先机和优势。早在2012年10月份，去哪儿就率先发布了无线战略，并同时推出去哪儿攻略、去哪儿旅行、去哪儿酒店、精品酒店、去哪儿兜行、去哪儿旅图六款APP，分别覆盖iOS、Android等主流智能移动设备，打造一站式移动旅行生活方式。从旅行资讯、目的地攻略、机票酒店查询预订、旅行应用、旅途记录分享等各个细分领域切入，全面覆盖用户旅行前、旅行中、旅行后的各类需求。

其次，去哪儿每一位员工对移动端都极为重视。公司整体战略的重心也放在无线市场，就拿2015年4月14日轰动国内的“扫我开房，五折优惠”的活动来说，同样也是以移动端为重心来拓展市场的。

其三，在移动端领域，去哪儿同样保持着技术领先的优势。技术上的领先，对于打造更好用户体验的移动端意义非常大。

总体看来，在机票预定市场的一骑绝尘、无线端的遥遥领先、酒店市场的突飞猛进是去哪儿受到资本热捧的三大核心原因所在。国内在线旅游市场也正式进入携程、去哪儿、艺龙、途牛、同程等多强时代。

4.3 团购遇上旅游，酒店O2O谁主沉浮

对于在线旅游平台来说，酒店和机票预订是两块最大的业务。但是团购网站的兴起，却在一定程度上对在线酒店预订造成了冲击，尤其是移动互联网的到来，让线上与线下结合的酒店O2O产生了无限的机会和可能。

在团购领域，以美团为首的团购网站向在线酒店平台发起了进攻，而在线酒店平台也不示弱，向团购发起了反击，就连传统的连锁酒店也开始拥抱酒店O2O，希望能从中分一杯羹。

1．酒店团购进攻在线预订

来自易观智库发布的数据显示，2014年国内酒店团购市场，美团、百度糯米、大众点评这三家占据了超过95%的市场份额，而酒店团购又占据了整个酒店O2O市场超过10%的市场份额，美团、百度糯米、大众点评毫无疑问地对在线旅游平台构成了一定的威胁，酒店团购的优势也将让其成为酒店O2O的一种形态长期存在。

首先，对于广大用户来说，酒店团购的价格相对于标价、预定价具有绝对的优势，很多用户自然更愿意选择价格更便宜且星级服务程度都相当的酒店入住。

其次，眼下三大团购平台都有着强大的流量入口，在移动端也有着众多忠实的用户，酒店能够借助三大团购平台为其进行免费的品牌宣传，自然也就乐意与团购网站进行合作。

其三，看似酒店把自己的客房用更高的价格销售出去，通过团购以大幅度折扣来吸引用户购买的方式是相悖的。但是酒店也都不笨，借助酒店团购一方面能够在淡季提高入住率，另一方面可以将团购用

户变成自己的忠实用户。

其四，对于酒店来说，与团购的利益是绑定在一起的。只有团购网站有订单了才能赚到钱，也就愿意大力为酒店做宣传，酒店还省了一笔提前的广告开支。

最后，也就是O2O的优势了，团购借助手机的实时定位特点能够大大刺激当地的酒店消费。

但是酒店团购不会成为整个酒店O2O的主流，因为酒店团购有着先天不足。

不足一：对于酒店来说，在旺季或者在入住率比较高的时段，谁都不愿意以团购的形式让用户入住，否则酒店可能就真的难以维持生计了。

不足二：很多酒店的房间有好有差，即便是相同的标间也会有好坏之分。而这些酒店在做团购活动时自然也就更愿意把一些环境、设施不是非常好的房间让团购用户入住，这对于团购用户来说，在服务体验上自然也就不会很好。

不足三：很多酒店团购为了吸引用户，所展示的图片、服务往往与真实入住时相差甚远。

不足四：酒店团购还有一个最大的不足之处就是容易跑单。很多酒店团购因为都是闲暇或者淡季时段，往往都需要提前电话预约，这个时候酒店的服务员就会对你说，"不要在网上支付，直接来现场付款就行"，有的甚至会说到现场付款还能优惠10块钱。大家都知道，团购的酒店是需要支付给团购网站佣金的，同时因为钱是打到团购网站的账户上的，有比较漫长的结账周期，有些酒店为了自己的利益跑单也就在所难免了。

也正是因为种种的不足束缚了酒店团购的发展壮大，为了能让酒店O2O能有更大的施展空间，以美团为首的团购网站又向在线酒店预订发起了猛烈的攻击。

第一，对于团购网站来说，先前积累的强大的地面推广团队此时就有用武之地了，能够快速与各个酒店达成在线预订合作。

第二，酒店团购已经让团购网站积累了一定的用户基础，酒店团购的用户也就会成为在线酒店预订的潜在用户。

第三，几大团购平台不管是在PC端还是在移动端，都拥有强大的流量入口优势，很多用户在团购电影或者餐饮的同时，也会去逛逛在线酒店预订。

第四，团购网站不仅自己实力雄厚，背景也都十分强大，能够熬得起和在线旅游平台的价格战。美团背后是阿里；大众点评背后是腾讯；百度糯米背后是百度。

虽说团购网站个个摩拳擦掌、实力雄厚，但是对于团购网站进军在线预订，业内人士还是有一定的担心。

担心一，携程、艺龙这两大在线旅游平台与很多酒店签署的都是独家合作条约，而且已经把很多城市都吃透了。团购网站要想与更多的酒店达成合作，难度就非常大了。尤其是因为此前与团购网站合作的基本上都是一些经济型酒店，在高端酒店的预定上，团购网站会更显心有余而力不足。

担心二，团购的用户基础导致团购平台的用户群体都是以中低收入人群为主，对于很多价格并不便宜的在线高档酒店预订并不是很感兴趣。

担心三，酒店更多还是与旅游相关，想到团购，更多人可能想到的还是电影、KTV等方面。而想到旅游，用户更多的还是会想到携程、途牛、同程等旅游平台。

2. 在线预订除了互掐，还反掐团购

来自最新的数据统计，2014年，携程和艺龙这两大酒店预订平台的在线酒店预订增速都相当迅猛。其中，携程同比增长63%，艺龙同比增长32.6%。同时，二者之间的酒店预订争夺战也是此起彼伏。

携程作为酒店预订的老大，自然有着不可轻易被摧毁的优势。

优势一，携程在市场份额上具有绝对的优势，在整个酒店预订市场拥有超过25%的市场份额。

优势二，由于多年的积累，携程在酒店资源上也占有相当的优势，尤其是在高端酒店领域。

优势三，携程作为在线旅游平台的老大，也是四大旅游上市公司唯一盈利的一家，在资金方面有较大实力。当然，在2014年第四季度公布的财报中，携程也出现了首次亏损。

艺龙虽然在酒店预订市场上没有老大那么风光，但是相比其他酒店预订平台而言，还是有着自己的优势。

优势一，艺龙专注于酒店预订，在酒店预订服务等方面自然更显专业化。也正是集中了所有力量主攻酒店市场，艺龙自然在市场份额、竞争力等方面也要优于其他平台。同时相比携程而言，艺龙在中低端酒店的实力也不弱。

优势二，艺龙背靠腾讯，在资金实力上自然也比一般旅游平台要强大不少，打起价格战来自然也是丝毫不含糊。

优势三，酒店O2O胜负最大的关键因素在于移动端，艺龙无线预定占据酒店预订的55%，在移动互联网时代具有相当的优势。

携程、艺龙这两大酒店预订平台还会在较长的一段时间里继续战斗下去，同时面对团购网站推出的在线预订，也打响了猛烈的反击战，并纷纷推出了自己的酒店团购业务。

对于几大在线旅游平台来说，展开酒店团购能够守住自己的城池，也能吸引部分团购用户到自己的平台上来，削减团购网站的酒店团购市场份额，展开团购也会在一定程度上缩小在线酒店预订平台的利润空间，同时也会增加相当的人力和推广成本。

3. 连锁酒店也来凑O2O的热闹

与此同时，在O2O的大潮下，7天、碧桂园凤凰酒店、雅高、99旅馆、丽枫酒店、东呈酒店等传统连锁酒店纷纷推出了自己的O2O酒店预订平台，欲从携程、去哪儿手中分一杯羹。

首先，连锁酒店具有一定的会员优势，在做O2O之前就已经拥有了众多的会员，通过借助移动互联网的特点，为会员打通线上和线下服务，能够获取更多忠实的会员。

其次，作为连锁酒店，在品牌上也积累了一定的优势，同时也得到了众多用户的认可。

其三，对于连锁酒店来说，打通线上平台，并与线下形成闭合，对于连锁酒店的宣传和品牌运营有着非常重要的意义，也能让用户对连锁酒店有更清晰的了解，如该酒店最近在哪个城市新开了分店等，也许用户恰巧就要住那附近。

最后，很多连锁酒店都开通了自己的微博、微信运营平台，除了给自己积累了大量的粉丝用户之外，也给酒店带来了一定的新用户。最为重要的是，借助这些平台还能与用户及时沟通，从而提供更好的服务。

当然，连锁酒店打造自家的O2O平台很难真正对携程、艺龙等平台构成威胁，毕竟诸多劣势的存在使其难以形成大气候。

劣势一，对于连锁酒店的O2O平台来说，大都只是对自家的酒店进行宣传，并没有与更多其他的酒店进行合作。作为一个平台而言，在酒店的品类上确实稍显单薄，同时用户的选择也会比较少。

劣势二，打造O2O平台，尤其是线上平台，对于连锁酒店来说需要付出更多的人力成本和运营成本。没有足够的资金实力支撑，很难与携程、美团等大平台相抗衡。

劣势三，线上运营经验和资源的缺乏，对于连锁酒店来说也是一个非常大的弱势。

总体来看，价格对于众多用户来说诱惑非常大，酒店O2O将会是一场巨大的烧钱大战，能够经得起这场价格战的平台没有几家，连锁酒店进军酒店O2O难成大气候，团购网站在短期内还难以撼动在线旅游平台的酒店预订市场份额。由于携程、艺龙等在线旅游平台只是在一二线城市比较有优势，而团购网站从三四线城市入手，因此在酒店O2O取得突破还是有一定的胜算的。

4.4　途牛、众信一战，新旧替换是必然

2015年，途牛被17家旅行社围攻一事可谓是闹得满城风雨。先是途牛对外发出声明，即日起下线众信旅游全部产品，随后途牛联合17家旅行社反攻众信。从表面上来看，这件事情是因为价格谈不拢而导致双方的矛盾。实际上，途牛和众信之间的矛盾早已产生。

从途牛这边来说，要扩大利润率，绕开旅行社直接开发市场就成为了一种选择。而对于传统旅行批发商来说，自然不甘于现状，于是众信在2014年参股了悠哉旅游网，而悠哉又是途牛的直接竞争对手，矛盾的日积月累最终导致了这场对抗的爆发。

但是从竞争的角度来看，无论是渠道商还是OTA，最终都要回归到给游客提供贴心的旅游服务上来，途牛与传统旅行批发商的这种博弈只是新旧交替的一种必然过程。

1. 传统的低价模式不可持续

近年来，在传统的线下旅行市场，由于一些实力并不是很强的中小型旅行社在多方面受制于人，只能依靠“低价团”、“买团卖团”维持度日，但是这种生存方式却在无形之中成为了不良市场秩序的搗乱者。尽管《旅游法》实施后，强制购物、自费项目被明令禁止，这种现象在某种程度上得到了遏制，但是在很多地方仍然普遍存在。

很多旅行社为了吸引更多游客，打出分文不赚只收成本价甚至低于成本价的口号招揽游客。游客出发后发现，当地接待的旅行社常以不同的方式向游客增加自费景点和购物点，以此来赚取“回扣”和“人头费”盈利，其实质就是不合理的低价和非法竞争。而这种不合理的低价就是一直阻碍旅游行业健康发展的顽疾所在，实际上这种方式既伤害了自己，也伤害了游客。

近年来，越来越多的旅客开始选择自助游的方式，不是不想报团旅游，而是报团旅游着实让人寒心。从可持续发展的角度来看，传统的低价模式迟早是要走上历史舞台。

2. 在线旅游，最终将完成低价转型服务

自助游的兴起对于在线旅游平台来说却是一个极好的机会，于是纷纷为游客提供酒店预订、机票、景点门票优惠购买等系列服务，大大方便了游客的出行。

首先，对于游客来说，在线旅游推出的各种线上服务为旅行前期的准备节省了大量的时间。

其次，在线旅游平台在一定程度上避免了某些游客事先并未在旅游景点预定好酒店，就直接到达目的地而找不到酒店的尴尬。从某种意义上来说，在线旅游推出的系列服务一站式地解决了旅游过程中的住行问题，到达景点后，便可安心享受旅行乐趣。

最后，如果在服务上出现了各种不满意，则游客也可以直接找在线旅游平台解决，对出行实际上也多了一重保障。

也正是因为这些，越来越多的游客愿意直接选择在线旅游，而在线旅游占据国内整体旅游市场的份额也正在逐年攀升，逐步取代传统线下旅行是一种必然。价格对于游客来说是一个吸引因素，但是越来越重视服务质量的平台才会是游客最终的选择去向。从长期发展来看，在线旅游平台最终也要完成从低价竞争到服务上的转型，才能真正成为市场的最后赢家。

4.5　传统连锁酒店O2O突围全面开花

从国内的酒店行情来看，移动互联网化已是大势所趋。线上OTA和酒店团购的营收不断增加。按理说，OTA是在为线下连锁酒店导流，营收也应该不断增加才对。可偏偏让人感到意外的是，很多线下经济型连锁酒店的业绩却开始全面下滑，与线上平台形成了强烈的反差。为何会出现如此这般惨象，原因主要有以下几个方面。

（1）线上OTA和酒店团购所采取的定价策略让线下经济型连锁酒店丧失了最核心的竞争力——价格，尤其是酒店团购，很多高档酒店甚至也与团购网站合作，对部分房间进行低价出售，这极大地冲击了经济型连锁酒店，大量经济型连锁酒店的用户转向OTA酒店预订和酒店团购。

（2）连锁酒店往往都在一些不是过于繁华的地段，其主要原因就是为了节省租金、物业等方面的成本。国内的连锁酒店如家、7天、汉庭等基本都集中在一二线城市，房价的飞速上涨让经济型连锁酒店的运营成本随之大涨，而住房的价格却难以涨上去，几乎多年维持不变，利润自然要下降。

（3）连锁酒店之间的竞争日益激烈，加上门店越来越多，市场的饱和度越来越高，单个门店的收入自然也就会越来越少，业绩增速放缓自然也就难以避免。

（4）OTA平台绑定连锁酒店所发动的价格战，对于传统连锁酒店的整体收益也间接造成了影响。

为了生存，连锁酒店自然不能坐以待毙，O2O的到来对于拥有强大线下资源的连锁酒店是一个绝好的反击机会，这场借力O2O的反击战正在经济型连锁酒店中全面开花。

1．如家发动突围三大战略

如家作为国内最大的经济型连锁酒店，OTA和酒店团购的兴起对如家的威胁最大，于是如家乘O2O之风发起了三大战略。

战略一，提供酒店出行服务。2014年12月，如家酒店集团旗下四个品牌近3000家门店与快的达成战略合作，凡是入住如家酒店的用户都能享受到酒店提供的更快捷出租车叫车服务，并能让如家会员实现“一键叫车”。

点评：对于很多入住酒店的用户来说，最不方便的就是出行。从下飞机到出行再到赶飞机都极其不方便，如家联手快的为入住用户解决了这个旅游、出差等出行不便利的痛点。

战略二，全力打造自家的移动互联网平台。携程作为如家的最大股东，在酒店预定入口上自然会给如家一定的位置，但是携程作为一个平台，也不能完全照顾如家一家，必须权衡平台上所有酒店的利益。如家要想突围，就只能把携程当作自己的入口之一，于是如家又顺势推出微信订房、APP订房等打造自家移动生态。

点评：如家作为国内最大的经济型连锁酒店，多年的发展让其积累了强大的品牌实力，如家打造自家的O2O平台更容易获得用户认可，同时通过线上手机预订，能够定位附近的所有如家酒店。但是如家的这种移动O2O战略与其他平台并没有太大的区别，只是为了增加一个移动入口而已，并不能给自己带来差异化的优势。

战略三，继续发展会员。会员预定在如家酒店的预定中占有相当高的比例，而会员当中大多数往往都是如家的忠实用户，发展会员对于如家巩固和加强自己的市场份额意义深远。

点评：几乎每一个连锁酒店都会把会员发展作为自身的核心战略之一，很多用户所拥有的酒店会员卡远不仅仅只有如家一家，能否给会员带来与其他连锁酒店不一样的服务，才是如家能否真正获取忠实用户的关键所在。

2. 7天全力打造粉丝经济

与如家的三大战略不同，7天依然依靠会员直销的模式。不过与过去单纯依靠线下发展会员的模式不同，7天开始通过线上获取会员、线下完善会员服务，结合线上线下完善O2O，全力打造粉丝经济。

首先，当年7天就是凭借着这种会员直销的模式实现了迅猛增长，现在7天借助互联网继续疯狂在线上发展会员，拥有了强大的会员规模，可以完全不用在意OTA和酒店团购的发展有多快，能独步于整个酒店市场。

其次，7天一直都在不断提升线下会员服务，可大幅提升酒店用户的忠诚度，回头客能让7天持久保持核心竞争力。

其三，与如家、汉庭等连锁酒店采取分销、直销兼并模式不同，7天完全采用直销模式，省去了OTA的中间费用，能让用户入住酒店的价格更实惠。

从7天的O2O战略来看，只是简单地利用互联网和移动互联网继续发展线上会员，并没有真正从O2O生态的角度上打造连锁酒店。7天的这种会员模式与OTA的平台模式区别很大。虽然说7天依靠这种会员模式取得了快速的发展，但是要反攻OTA，7天还是需要在O2O上面多下一番苦功夫。

3. 尚客优农村包围城市，借酒店打造生活O2O

携程、艺龙、如家、7天、汉庭等酒店预订平台和连锁酒店主要集中在一二线城市，面临的问题和应对举措很相近。相比之下，来自三四线城市的黑马——连锁酒店集团尚客优则表现的更为大胆，其O2O的布局野心也最大。

（1）以酒店为中心，把周边0.5公里以内的生活服务商都圈进来，让其成为尚客优酒店生活服务O2O平台的一份子，并开设尚客优品中式快餐、宝乐迪KTV、澳典蛋糕店、优悦SPA等一系列的配套增值服务，同时与连锁酒店配套的各类上门送餐、上门足疗、打车租车等服务应有尽有。

尚客优这种围绕酒店的生活O2O布局形成了自己的核心竞争力，对于很多入住酒店的用户来说，出行等不便利是最担忧的。尚客优完全解决了用户的吃、喝、住、行等系列需求，也形成了一个基于附近生活的一体生态，类似于大城市中的shopingmall，酒店摇身一变成了商业地产平台，酒店周围吃喝玩乐相关的生活服务类商家则成为该生态的一员，这就暴露出尚客优的野心在于做综合连锁酒店服务运营商，而不仅仅是酒店那么简单。与如家自建平台、7天自建会员系统不同，尚客优是把酒店当作生活O2O的一个入口，当然这种尝试是建立在三四线城市商业生态弱开发基础上的，对于一二线城市，想这样玩则不太现实。

（2）围绕用户需求，做纵向延伸，从而打通线上和线下，实现O2O的消费闭环。此前马云和王健林围绕电子商务O2O有过话题争论。其焦点是线上电子商务平台存在一个体验性差的短板，而线下的商业地产则可以提供一个场景供用户体验，对电商平台而言是一个补充。尚客优的这种商业模式与王健林的万达地产对马云电商的O2O反包围如出一辙，未来用户到尚客优住酒店完全有可能实现免费。

因为尚客优正在尝试“去酒店化”，酒店住的功能只是一个基础，酒店会在此基础上开发一个体验式消费闭环，演化成一个消费终端平台。酒店内的家居、床垫、灯光及其他配套商品都事先与供应商谈好，用户在酒店体验，产生的消费可以与各大供应链条上的供应商分成。酒店天然具备的体验式场景可以帮助各大供应商进行品牌输出和体验式消费，一旦这种模式趋于成熟，依照羊毛出在狗身上，猪来买单的逻辑，未来酒店实现免费也不是没有可能。

不过，尚客优的这种探索是基于三四线城市的市场背景下，随着三四线城市各商业生态的成熟，尚客优未来还会面临新的挑战。

其一，尚客优得天独厚的优势是三四线这块区域，市场主流酒店平台渗透程度较弱。但各大主流酒店都在向三四线城市扩展，这种O2O生活服务平台模式很容易被竞争对手模仿，对尚客优而言是个不小的压力。

其二，从商业生态上讲，三四线城市的刚性需求较弱，在前期导流环节，尚客优还得依赖OTA平台，而OTA如果固守其定价规则不变，则尚客优的商业模式探索就很难落到实处。

4．华住，把酒店打造成IT公司

华住正在积聚所有的力量将自身打造成一家具备IT基因的连锁酒店，试图通过互联网思维的服务方式，全面提升汉庭、全季、漫心、星程、海友和禧等旗下六大品牌的酒店服务。

第一步，华住通过官网、APP、携程、艺龙、去哪儿、微博、微信等11个互联网渠道的部署，让用户网上自助选房，通过官网和华住的APP，就能像在机场进行自助值机时选座位一样选房，不同的是，用户可以看到房间外的地图、房间内的建筑布局等实况。

点评：华住的这个全面开花战略，意在利用所有的互联网酒店平台为自身提供入口，一方面可解决线上的入口问题，另一方面也不会对某一个平台过度依赖，但同时在很多方面也会受制于各大平台，最终很有可能沦为OTA平台的一份子。

第二步，华住在汉庭1300多家门店推出了一项非常有份量的门店自助Check-in服务。从外观上看，自助终端类似一台iPad，右侧带有身份证刷卡槽。用户可以通过这台终端完成预订、选房、支付整个流程，最后到前台取房卡和发票。

点评：华住推出的这种自主终端服务，对于用户线下办理入住酒店的确是一大提升，能够让用户自主选择自己想要入住的房间，这对于华住打造O2O服务的差异化是一种非常好的体现形式。

第三步，通过借助互联网技术，打造等边三角形O2O2O服务，第一条边是利用互联网渠道，向用户传播、销售线下产品和服务；第二条边通过在线为用户提供产品和服务；第三条边通过企业自身提供线下产品和服务。

点评：从华住的等边三角形O2O2O服务战略来看，的确是非常好的将线上和线下结合了起来，不过在提供什么样的线下线上产品与服

务等方面，还没有看到华住非常强力度的落实。

其他诸如布丁与支付宝合作进军O2O，99连锁与饿了么达成酒店外卖服务等都是传统连锁酒店向OTA、酒店团购发起的O2O突围。从如家、7天、尚客优、华住等连锁酒店不同的O2O战略可以看出，它们都具有一定的杀伤力，OTA和酒店团购平台接下来的路并不会那么顺利。

4.6　旅游BAT代理人战争打响，携程最受伤

2015年上半年，艺龙旅行网对外宣布，董事会收到了腾讯控股的私有化要约，以收购艺龙发行的除了携程、铂涛和腾讯等艺龙股东之外的全部流通股。此消息一出，整个在线旅游市场再次引发了一场地震。

从艺龙网CEO江浩致全体员工的公开信中可以看出，腾讯此番也并不是空穴来风，很明显已经是经过了艺龙高层和各位董事的共同协商之后才做出的决定。江浩信中表示，如果这次腾讯能够私有化艺龙成功，与腾讯在各个领域展开更深度的合作，将能促进艺龙移动住宿业务的继续高速发展。

携程对外宣布成为艺龙的第一大股东，本来外界都以为艺龙要退出在线旅游市场了，是什么原因导致携程放弃吞并艺龙的想法呢？

（1）携程斥资4亿美元收购艺龙网37.6%的股份，一举成为艺龙最大的股东事件，涉嫌垄断在线酒店市场。随后商务部召开新闻发布会，就携程公司宣布联合相关公司收购艺龙62.4%股份一事进行表态。根据反垄断法，经营者集中达到国务院规定申报标准的，应事先向商务部申报，未申报的不得实施集中。但是商务部却表示并未收到携程等交易相关方提交的经营者集中申报的相关材料。按照携程此前的意图，很有可能是想直接吞并艺龙，但是迫于垄断之嫌，携程不得不有所顾忌。

（2）对于携程来说，吞并艺龙还将面临着整合上的难题。在携程成为艺龙最大股东之后，艺龙的机票产品团队首先被裁撤，CEO被换，之后再无下文。艺龙近年来的颓势不断。携程开始整合后，发现并非

原来打算的那么顺利。双方的人员、产品对接出现了难题。

（3）携程与艺龙的业务重合点太多。携程与艺龙的起始时间相当，两者都为用户提供酒店、机票和度假等全方位的旅行产品预订服务，从中赚取佣金。尤其是在酒店业务上，艺龙与携程有着高度的重合。如果携程吞并了艺龙，就免不了会有很多资源上的重合浪费，表面看来携程成为艺龙第一大股东是看中了艺龙的高端酒店预订，但实际上，这次收购反倒像一场消灭竞争对手的收购动作，艺龙于心何甘？

面对携程对于艺龙股份的收购，艺龙的高管团队也是无奈之举，持续的亏损已经让艺龙很难坚持下去。但是此次腾讯重新捕获艺龙，则让艺龙看到了新的希望，在线旅游市场也由此进入四家混战的格局，携程四面响起了楚歌。

1．艺龙倚腾讯

如果艺龙私有化成功，就将获得腾讯的全面战略支持。从腾讯的动作来看，此番势在必得。腾讯私有化艺龙之后，将从资金和渠道两大方面全力支持艺龙，尤其在微信这个强渠道。

艺龙过去在与携程、去哪儿的酒店市场竞争中之所以会出现被去哪儿反超的情况，其主要原因就是因为自身在财力上的不足。持续的亏损已经让艺龙无法在在线旅游市场与去哪儿、携程同台较量，就拿2015年去哪儿发动的五折酒店价格战来说，艺龙因为财力问题也难以跟进，最终被迫被携程控股。但是腾讯收购艺龙所有的流通股之后，有了腾讯在财力上的支持，艺龙未来就完全有实力继续在在线旅游市场发力，甚至与携程展开正面PK。

从渠道上来说，眼下携程在移动端并没有强势的入口资源。艺龙获得腾讯大力支持以后，腾讯必然将会在手机QQ、微信等重要移动渠道上给予艺龙强大的支持，同时对于微信来说，也需要完善自己的生活服务生态建设。从微信先后接入大众点评、微电影、同程火车票等来看，微信接入艺龙只是时间早晚的事。一旦艺龙正式接入微信平台，艺龙必将在移动端大举吞噬携程市场份额。

2. 去哪儿有百度

在百度发布的2015年第二季度财报显示，去哪儿、百度外卖、百度糯米的总营收入已经达到405亿元。去哪儿公布的2014年全年的GMV达到830亿元，2015年1季度更是单季度突破300亿元。去哪儿对于百度O2O战略的贡献可谓举足轻重。与此同时，百度在强调去哪儿业务重要性的同时，再次强调了对于继续支持去哪儿的决心。

线下，去哪儿自从2014年成立目的地事业部之后，通过地推团队一年的奋斗，直签酒店就迅速突破了25万家，大大缩减了与携程的差距。线上，一方面基于百度地图LBS的合作，并成为百度地图的独家合作伙伴，用户通过百度地图可直接查看酒店信息并完成预定；另一方面，百度糯米的最新版本也正式上线旅游资源频道，全面接入去哪儿的资源。

在PC端时代，去哪儿凭借着百度搜索的大力支持，在在线旅游市场迅猛崛起。而到了移动互联网时代，去哪儿除了加大自身对无线端的投入之外，也获得了百度地图、百度糯米及手机百度三大平台的鼎立相助。可以说，O2O时代在线旅游的竞争胜负在很大程度上取决于移动入口的支撑，而从去哪儿2015年第1季度无线收入占比达到总营收入的59.4%来看，眼下携程移动端已然开始处于下风。

3. 去啊仰阿里

说到阿里巴巴的去啊，对携程的进攻就更是来势汹汹。在支付宝的最新版本中，去啊旅游也获得了支付宝渠道的全面支持，并开始和携程展开正面PK。

2015年3月底，阿里旅行去啊发布了“未来酒店”战略，希望携手酒店同行打造出一个基于信用体系之上的新型在线旅游服务平台，矛头直指携程酒店。用户在去啊预订酒店时，芝麻分达到600分即可选择信用住，而且无论是五星还是四星、三星、便捷酒店都五折优惠。用户先入住、后付款，无需支付押金，离店时也无需排队，只需将房卡交还给酒店前台，系统会自动从用户的支付宝账户里扣除房费。

全国有近6000家酒店加入“信用住”计划，包括香格里拉、喜达屋、金陵、开元、雷迪森、如家、华住、布丁、银座、易佰等，几乎覆盖酒店全产业链品牌类型，借助阿里系的3.5亿活跃用户、芝麻信用、支付宝、花呗、阿里云等优势资源在酒店的布局，携程面对去啊的猛烈攻击亦难以抵挡。

4. 携程三大主营业务岌岌可危

随着腾讯此番强势入局，BAT都已经悉数入局在线旅游市场，一场在线旅游的代理人战争也开始全面打响。眼下，携程的三大主营业务已经岌岌可危，再加上BAT的入局，危矣。

第一大危局：机票

说到机票市场，不得不提艺龙被携程收购之后出现的一个小插曲。携程收购艺龙成为第一大股东之后，竟然直接解散了艺龙的机票团队，此举引发了艺龙团队内部的不满，而且也未给携程机票市场份额的增加带来生机。携程在这个领域的最大劲敌是去哪儿。在整个在线机票预订市场，去哪儿已经拿到了第一，并且已经领先携程一大截，而且到了移动端，去哪儿在机票预订市场上的增速有明显加快的势头，携程机票业务市场份额在移动端必然将面临缩减。

第二大危局：酒店

从酒店市场格局来看，携程虽然仍然占据着第一的市场份额，但是在低端酒店市场，美团已经开始了全面追赶，并获得了迅猛的增长。去哪儿通过高中端、低端向携程发起了全面进攻，已经一步一步在逼近携程。去啊进军高端、中端酒店市场的决心也非常大，并不惜与携程撕破脸皮。对于艺龙来说，携程虽然是艺龙的大股东，但是有了腾讯的支持，艺龙必然不会放弃高端酒店市场，势要与携程一争高低。

第三大危局：度假

说到度假市场，携程眼下也正在遭受途牛、同程等旅游网站的咄咄相逼。2015年5月份，途牛完成了以京东领投的5亿美元融资，并获得京东旅行——度假频道网站和移动端的5年免佣金独家经营权，在该频道独家销售打包旅游产品、签证、火车票及租车等产品和服务。相比途牛而言，同程的融资势头也相当猛烈。2015年7月，同程宣布融资

60亿元，并引入万达集团作为第一大股东。途牛与同程纷纷融巨资，必将加大在度假市场对携程的进攻。相比之下，携程在度假领域的广泛投资却并未获得想要的收益。

总体看来，在线旅游市场正在进入一场代理人的战争，去啊背后是阿里，艺龙背后是腾讯，去哪儿背后是百度，而孤苦伶仃的携程，眼下局势最危险。

4.7 去哪儿携程酒店五折大战十大分析

近日，由去哪儿率先发动的酒店五折大战再次引发了整个酒店市场的集体恐慌，而艺龙、携程的跟进则无疑让这场风暴变得更加猛烈。携程和去哪儿分别作为整个在线酒店预订市场的老大和老二，二者的一颦一笑都会影响到整个酒店市场。那么，这一次的五折大战究竟胜负会如何？先来看看这一次去哪儿和携程的酒店促销活动。

去哪儿：这一次去哪儿将5折酒店促销推广到全国，涉及到300多个城市，参与酒店多达20多万家，完全由去哪儿自掏腰包补贴，且暂无截止的迹象。

携程：推出的酒店5折促销活动计划实施时间为2015年5月1日～6月30日，针对四五星级酒店及优质低星酒店开展任意房型原价5折的活动，并在重点城市投放价值数亿元的线上和线下广告。同时携程宣称，“如果不在竞争对手那里下线5折促销产品，就在携程平台上将酒店价格直接标为5折，其差价由酒店自己承担。”

针对这一次的五折大战，可从以下多个角度对比分析两大巨头的五折促销战况。

1. 酒店数量

从酒店数量上来对比，参与去哪儿五折促销的酒店超过了20万家，规模之宏大堪称史上之最。

携程并没有对外公布具体参战的酒店数量，但是从携程官网响应的酒店来看，粗略统计数量并不是很多。

点评：去哪儿作为一家酒店平台，加入到其平台的酒店数量本身就非常多，而携程相当于是酒店的分销商，直接面对用户，从两大平台的酒店数量来对比，去哪儿规模远超携程。而此次五折大战由去哪儿率先发动，携程被动跟进，一个主动，一个被动，主动参战的去哪儿在酒店数量上自然也就会远超被动的携程。

2. 覆盖城市

去哪儿此次五折大促覆盖到全国300多个城市；携程推出的酒店促销并未宣布针对多少个城市，只是表明会在重点城市投放广告。由此也可推测出携程此次五折促销只会在少数一二线重点城市展开。

点评：去哪儿为了更好地服务于用户，在全国酒店推行五折优惠，志在让全民都能享受到这种福利。携程为了给外界一个不在价格战上输给去哪儿的姿态，多少也要在部分城市展现出一些积极响应的动作。

3. 品牌覆盖

去哪儿五折大促的酒店涵盖三星以下及四星、五星等全线酒店，包括星级酒店、经济型连锁酒店、设计酒店、家庭旅馆、青年旅社、特色客栈、汽车旅馆、度假村、短租公寓、农家乐、求职旅社等。携程针对的是四五星级酒店及优质低星酒店。

点评：去哪儿参战的酒店星级覆盖到了所有星级类型酒店，携程主要针对星级较高的酒店进行五折促销。对于很多消费水平并不高的用户来说，四五星级酒店的五折促销价格仍然会比较贵，但是很多二星、三星的酒店有的只要几十元的价格，这着实让不少普通用户欢呼雀跃了一把。

4. 促销力度

去哪儿网上预订一间指定范围内酒店的用户就能得到一个千元红

包，一次最多可使用红包抵扣现金300元。携程则针对参与促销酒店任意房型原房价五折，优惠上不封顶。

点评：从折扣力度上来说，去哪儿更实在，携程却更聪明。去哪儿的五折优惠每次最多能使用300元，一般来说，价格超过600元的酒店都是星级档次比较高的酒店，而这类酒店用户对于价格实际上并不是很在意，所以对于那些在意酒店价格的用户来说，每次300元的优惠力度已经足够大了。而携程所针对的四五星级酒店用户当中有相当一部分对于酒店价格并不是很在意，所推出的任意房价五折优惠上不封顶自然也就显得技高一筹。

5. 酒店房型

去哪儿的酒店房型包括单一床位、榻榻米、迷你房、特价房、双床房、大床房、豪华大床房、商务间、家庭套间、标准间、套房、豪华套房、行政套房、总统套房、LOFT等。携程主要有大床房、标准间、豪华套房、总统套房、行政套房、双床房、商务间、家庭套间。

点评：从参与五折促销的酒店房型来看，去哪儿供用户选择的房型种类更多，携程相对选择的余地较少。

6. 单体酒店价格区间

去哪儿的酒店促销价格区间为20～10000元。携程参与促销的酒店价格区间为几百元～10000元。

点评：从价格的选择上来对比，去哪儿的选择余地较大，尤其是在低端价格酒店上面的择性要比携程多。

7. 酒店照片数量

参与促销的去哪儿单个酒店在照片展示数量也非常多。携程展示的照片数量比较有限。

点评：酒店照片对于用户选择酒店是一个重要的参考，能够让用户更加直观地了解酒店的周边环境，是否舒适干净等。

8. 地图展现形式

去哪儿可同时显示一城市或某一区域、商圈全部酒店的地理位置及价格。携程只显示一家酒店的地图。

点评：去哪儿可显示多家酒店的价格，能够让用户在选择酒店的时候有一个很好的对比，从而做出更合理的选择。携程的目标性比较强，用户若选择这家酒店，就只给用户展示这一家酒店的位置信息。

9. 搜索方式

去哪儿的搜索方式比较多，包括9个大类，即价格、地标、星级（档次）、服务设施、品牌、商圈、行政区、酒店名、酒店特色，36种要素的搜索条件，8种排序方式。携程则只有酒店名称、位置和价格三个搜索方式。

点评：从搜索上来对比，去哪儿的搜索功能更加强大，用户的选择性也多。携程会比较简单，当然目标也十分明确。

第 5 章　汽车服务类 O2O

拼车 O2O 市场再生变，谁将突围

O2O 引爆二手车电商，英豪齐杀入

互联网席卷洗车，却为他人做嫁衣裳

汽车美容养护，谁能笑傲江湖

当O2O热潮袭来之后，整个汽车市场备受资本关注，从上门洗车、二手车交易、汽车保养到汽车金融等，创业者与投资者纷纷涌入到这个巨大的市场。在巨大机会到来的同时，竞争对手也就随之而来。在整个汽车市场垂直领域，谁能够最终笑傲江湖呢？

5.1　拼车O2O市场再生变，谁将突围

2015年上半年，百度领投51用车事件让拼车替代打车成为了人们关注出行的新焦点。打车难在中国的出租车市场中一直都是困扰众多打车一族的难题，尽管这一难题在快的和滴滴的烧钱大战中暂时得到了缓解，不过随着滴滴和快的合并之后，烧钱补贴也就随之而去，出租车司机高涨的热情又淡了下来，打车难的问题再次回升，使用滴滴和快的打车的用户热情也开始逐渐下降。

于是，很多打车软件和租车公司又推出了针对中高端消费人群的专车服务。但是对于大多数的普通打车一族来说，经常呼叫专车却是一种奢侈的消费，拼车无形之中就成为了打车一族新的需求。

首先，对于上下班打车一族来说，拼车一方面能在一定程度上减缓打车难的困扰，另一方面价格还便宜，愿意拼车。

其次，对于出租车司机来说，拼车能够让自己的收入更高，反正都是顺车，不用特意跑更多的路程，大大节约了时间成本和耗油成本，何乐而不为？

其三，拼车除了上下班一族强大的需求之外，在节假日返乡、长途旅游合乘上也有着强大的市场需求，而且拼车观念通过春节过年回家逐渐开始被更多人的接受和认可。

其四，对于整个租车市场而言，租赁车辆的数量远远无法满足中国强大的市场需求，把出租车和私家车的余座资源利用起来，是一个巨大的市场机会。

其五，在专车市场，无法避免的是来自监管部门的阻碍。两会期间，交通部长已经明确表示，专车使用私家车运营“永远都不允许”，

而对拼车则表达了支持的态度。

正是基于强大的市场需求和政策的支持，大量的风投和企业开始涌入到拼车市场，不过拼车市场火爆的背后也有着些许让人心生担忧的地方。

担忧一，安全问题。大多数人对于拼车的接受程度不会很高，最主要的问题就是人身安全。拼车更容易碰到黑马：一个安全隐忧来自于司机；另一个安全隐忧来自于一同搭车的人。

担忧二，智能匹配问题，这是拼车行业最需要解决的一个核心问题。用户拼车的概率有多大，需要付出多大的时间成本等。

担忧三，法律纠纷问题，从法律责任上来说，乘客不属于第三方，所以不会得到第三者责任保险赔偿。车有没有上车上人员险，车上人员险够不够赔偿，一旦不够赔偿，到底是由司机来赔偿还是由车主来赔偿，还是说所有的乘车人员来均摊这个费用，在法律上是一个空白点。

也正是因为拼车O2O还存在一定的市场痛点，致使它还没有完全形成一家独大的局面，而这些痛点也将会随着巨头的加入逐渐得到有效解决。微微拼车、拼车帮、AA拼车、51用车、多多拼车、爱拼车处于暂时领先位置，大有七国争霸的态势。不过这仅仅只是暂时，巨头的介入让拼车O2O格局充满变数。

1. 变数一：滴滴、快的入局

对于滴滴和快的来说，本来以为合并之后就可以高枕无忧了，谁知道半路又杀出个拼车来。拼车软件正在受到越来越多用户的亲睐，对滴滴和快的的打车业务构成了史无前例的威胁。于是，滴滴、快的纷纷推出了拼车业务“顺风车”和“一号快车”。打车巨头入局拼车市场，自然有着其他拼车应用所不具备的优势。

优势一，滴滴和快的拥有强大的打车用户基础，这些用户使用滴滴或者快的打不到出租车的时候很有可能就会使用拼车功能进行拼车。

优势二，滴滴与快的合并之后，已经成为一家估值接近百亿美元的打车平台，同时背后靠着阿里和腾讯这两大巨头，从财力上来说，滴滴、快的也有比较明显的优势。而接下来的拼车市场也将进入一场新的烧钱大战，财力是否足够雄厚是决定胜负非常重要的一个因素。

优势三，滴滴推出比大多数拼车应用平台都要高的车主补贴，对于入驻滴滴顺风车的车主，滴滴给予新注册用户50元补贴，完成首单后再送100元，如果推荐其他人还可以再获得20元。只有51用车在这方面能够与滴滴匹敌。51用车首单有51元补贴，一个月完成10单奖励200元加油卡。补贴战，降低了用户的尝试门槛，加速了用户习惯的培养。

不过拼车市场不同于打车市场，滴滴“顺风车”和快的“一号快车”也存在一定的不足和挑战。

挑战一，拼车市场有一个最核心也是比较大的一个难题就是匹配效率问题，对于杀入拼车市场的滴滴、快的来说是一个非常大的挑战。

挑战二，任何事情都是利弊相生的，虽说滴滴、快的拼车业务是对打车的一种补充，但是也会在一定程度上对滴滴和快的打车业务造成一定的冲击。对于滴滴和快的来说，打车是业务核心所在，因此不会把更多的重心放在拼车市场，如何权衡打车和拼车的利益也是一个不小的挑战。

挑战三，拼车市场与打车市场有着太多的不同之处，滴滴和快的在专业度上面自然也就比不上专注的拼车应用。

2. 变数二：百度领投51用车

51用车作为拼车市场的一款主流应用，在成立之初就获得了小米董事长雷军的天使投资，之后又获得了来自创新工场领投的A轮投资和红杉资本领投的B轮投资。此次C轮投资则由百度领投，红杉资本及其他机构联合投资，汉能投资为本次交易的独家财务顾问。靠上百度，51用车将占尽优势和先机。

其一，拼车市场将会与打车市场一样，游戏的背后其实就是资本的烧钱大战，谁能烧到最后，谁就有可能成为赢家，滴滴和快的正是因为这样才拿下了打车市场。而51用车靠上百度这个巨头，实力自然也就非同一般。

其二，拼车的最大难题就在于如何更有效地匹配用户的需求和车主的路线，而这一点恰恰是百度最拿手的，百度在这方面拥有两大杀手锏：

第一大杀手锏，作为国内最优秀的定位服务提供方，百度LBS开放平台将大力支持51用车的发展。据悉，百度LBS开放平台已经成为超过九成拼车APP的选择。百度定位服务能够支持全球定位、Wi-Fi定位、基站定位、整体定位，成功率均高达99%，同时覆盖中国移动、中国联通、中国电信三大运营商，基站覆盖率达99%。另外，百度LBS平台高达1～3米精度的室内定位技术，能够准确定位乘客与司机的位置，可以规避平台运营中的管理盲点。

在掌握最领先的定位技术、日定位请求150亿次、支持全球和室内定位服务的同时，百度还拥有3400万POI数据、1800万深度生活POI数据及500万公里路网数据。百度LBS开放平台可为所有的开发者提供定位SDK、地图SDK、Sug检索API及线路规划等API服务。

第二大杀手锏，百度语音识别、大数据、深度学习等技术已经应用到手机百度、地图等产品之中，用户可以在不同的生活场景中通过语音发起请求获取拼车服务。同时，百度大数据可以对用户进行智能画像，挖掘用户潜在需求，激发增量市场。例如，根据用户历史位置轨迹分析预测用户行为，为用户推荐出行方案，匹配合适路线。

要解决拼车场景中的车主、用户等多方资源的复杂场景，除了需要很强的线下控制能力以外，还需要大数据、LBS实现各方的调度分配统合，51用车背靠百度，其胜出并不难被预见。

其三，百度同时作为国内第一大移动应用分发平台，拥有手机百度、百度手机卫士、安卓市场、91手机助手等强大阵营团队，将为51用车的应用下载提供强大的入口支撑。

其四，或许对于普通用户来说，打车、租车、专车、拼车等APP已经是O2O的完美体现了，但是对于运筹帷幄的BAT巨头们来说却仅仅只是一个开端，无论是用车O2O，还是餐饮、教育、医疗、美业等衣食住行及其他垂直领域，其本质都是在实现人和服务的连接，而连接最重要的是场景入口和高效便捷。

在BAT中，百度可以提升连接效率已经毋庸置疑；百度场景化的入口优势相当明显；手机百度和百度地图是生活服务的信息入口；轻应用、团购及基于百度地图的各种服务构成了应用场景；百度钱包使得百度的本地服务在入口和场景的基础上进一步完善了O2O的关键节点。丰富的轻应用生活场景服务，结合地图、团购、视频等业务为支付提供更多的交易场景，用户可以在不同生活场景入口发起需求，获取所需的服务。百度将把有明确需求的用户和相关需求（旅游、餐饮、酒店）的长尾用户引导到用车场景，为51用车实现导流。

其五，百度LBS平台还推出了位置社交、增加位置共享功能，为无聊的车程提供丰富的线上交互平台，让51用车用户在拼车路上拼出社交新玩法。

总体看来，随着巨头们纷纷涌入到拼车市场，拼车O2O市场的发展大有星火燎原之势，也极有可能成为下一个O2O的“万亿级”风口。眼下的七国争霸格局也将会发生明显变化，尤其是百度领投51用车将彻底改变整个行业的现有格局。

5.2　O2O引爆二手车电商，英豪齐杀入

在O2O模式的倡导下，分类信息、电商、汽车媒体等平台都杀入到二手车领域，进入到该领域的公司非常多，大到BAT，小到刚起步的创业公司，大有春秋时期百家争鸣的态势。

从2014年开始，资本对二手车汽车交易平台就如同着了魔一般，好车无忧、车易拍、人人车等二手车汽车交易平台纷纷获得了资本的亲睐，也正是因为资本的介入，这些二手车交易平台开始变得财大气粗。在资本的推动下，一场腥风血雨的二手车电商混战就这样打响了。

1. 分类信息网站，欲分一杯羹

2014年下半年，国内两大分类信息网站58同城和赶集网纷纷宣布重点发力二手车平台。2015年1月，国内另一家分类信息网站百姓网也对外宣布D轮融资1亿美元，投资百姓网二手车业务。对于分类信息网站来说，急需要新的盈利模式来扩充自己，就像当年58同城、赶集网双双涌入到团购一样，作为信息服务平台，还是有着一定优势的。

首先，有大量的个人车主、经销商会通过58同城、赶集网、百姓网发布自己想要出售的二手车信息，这些分类信息网站在做二手车交易之前就已经积累了一定的用户基础。

其次，对于分类信息网站来说，流量是相对于纯粹二手车交易平台的一个明显优势，借助分类信息网站所提供的其他信息服务，可以为二手车交易导流。

其三，由于二手车交易更适合O2O模式，分类信息网站本身就具备线上提供信息、线下交易模式，因此也就占据了相当的先天优势。

不过，虽说分类信息网站在二手车O2O上具有一定的优势，但是否能够做好二手车交易，还是心存一定的担忧。

担忧一，二手车交易并不只是简单的线上提供信息、线下完成交易，中间还有一个非常重要的环节就是二手车评估。对于分类信息网站来说，尽管也会提供评估监测，但毕竟不是专长所在，用户能否更清晰地看到二手车的内在问题确实让人担忧。

担忧二，分类信息网站是帮助用户选到车了，但是售后服务对于二手车车主来说就更为重要了。好不容易买了一辆二手车，能跑多远、开多久也是车主非常担心的一个地方。

担忧三，分类信息网站提供的二手车信息量太过庞大，大多都是经销商发布的广告信息，有一种鱼龙混杂的感觉，信任感大打折扣。

2．综合电商平台，意图一统江湖

与腾讯、京东战略投资易车网不同，淘宝则顺势推出了二手车平台，并与车猫、车易拍、大搜车、车王、第一车网、玖号车汇等知名车商达成了合作。近日，阿里又成立了汽车事业部，从其动作来看，完全可以看出阿里意图一统整个汽车电商江湖的决心。

第一，相比其他平台来说，淘宝在品牌影响力方面是其他平台无法比拟的。其实对于很多二手车服务商来说，最大的缺陷就是难以获取用户的信任，而借助淘宝这个平台，则可以帮助二手车服务商打消用户的这个心理。

第二，当然是淘宝的入口优势，这个优势也同样是其他任何二手车交易平台难以企及的，强大的流量入口和用户群体是淘宝二手车一统江湖的第二保障。

第三，淘宝拥有完善的交易服务保障体系，对二手车交易来说是第三重保障，尤其是淘宝的大数据应用，能够通过对用户在淘宝上购买配件等进行用户特性分析，指引二手车服务商给用户提供更精准、更贴心的购车指导和服务。

第四，淘宝二手车采用的仍然是平台运营思路，方便用户能够货比三家，从而选择与更适合自己的服务商合作。

不过随着想要加入淘宝二手车平台的服务商越来越多，淘宝审核的要求也会越来越严格。

3．垂直媒体，虎视眈眈已久

汽车之家、易车网、太平洋汽车、搜狐汽车等汽车垂直媒体早就开始对规模庞大的二手车交易市场虎视眈眈了。从新车及二手车的交易数据来看，汽车之家、易车网已经占据了相当的市场份额，足以说明垂直媒体在二手车交易市场中必将占有一席之地。

其一，对于大多数用户来说，汽车资讯、汽车评测、行情等对购买二手车有相当大的参考价值，并且也会到这些垂直媒体平台上去了解这些信息，有时用户就是因为某一个导购信息或者评测信息而购买了某款二手车。

其二，汽车垂直媒体在汽车垂直细分领域具有较大的优势，比其他平台更了解用户心理，所推出的服务也就会更符合用户的心理需求。

其三，到汽车垂直媒体看信息的基本上都是对汽车感兴趣，或者有需求和潜在需求的用户，借助资讯等信息的服务能够为二手车交易导入相当数量的准用户。

不过与分类信息网站一样，垂直媒体在汽车评估、售后服务保障、交易闭环等方面同样存在着不足。

4．垂直交易平台，各路英豪齐杀入

二手车巨大的交易市场前景引发了汽车保险、经销商、创业者纷纷杀入，你争我抢，好不热闹，交易模式也十分多样，哪一种模式能成为二手车领域的京东呢?

模式一：个人车源交易平台，纯C2C模式

这种模式的代表是人人车、好车无忧及赶集网，专门打造C2C平台，提供免费上门检测车况信息，验车成功后，把二手车信息发到官网，同时评估师会陪同买家上门看车，确定交易后，双方再通过交易担保与售后服务跟踪等方式实现O2O闭环。

首先，对于这种纯粹的C2C交易模式来说，去除了黄牛、4S店、二手车服务商等中间商的利润空间，用户能够以更低的价格购买到合适的二手车。

其次，由于这种模式会由评估师陪同买家上门看车，因此在交易环节上给了用户一定的保障，同时也是由平台评估师上门进行的监测评估，相对来说还是存在一定公平性的，能够打消用户对二手车信息不透明的担忧。

最后，也是最重要的，这几大交易平台纷纷都推出了售后服务，并承诺14天内可退车，一年免费质保。

当然任何事情都是利弊相生的，要做好评估和售后服务，这些二手车交易平台也是需要付出一定代价的。

代价一，每一辆二手车都由评估师上门检测评估，并由评估师全程陪同买家购买，无形中大大增加了平台的人工成本。每一个买家交易都需要一个评估师，这些平台需要养多少评估师？

代价二，所有的二手车都是一辆一辆的上门评估，严重影响了交易平台的扩张速度。互联网时代是一个快鱼吃慢鱼的时代，可能你在北京市场还没有巩固好，人家已经在上海等其他城市建立了厚厚的壁垒。

模式二：寄售模式

优车诚品、大搜车、卓杰行等平台采用了二手车寄售模式，卖家将二手车放进线下体验馆中寄卖。车源主要来自于个人、二手车经销商、4S店三个渠道。这种模式的平台同样提供二手车认证、交易及质保服务，对买家来说具有一定的保障，不过劣势也是十分明显的。

劣势一，通过二手车渠道提供过来的寄卖车辆数量比较少，也就是过检车辆数量会很少，导致车检成本非常高。

劣势二，这类平台都会有线下体验店，线下体验店的建设无形之中也就增加了成本，同时也不利于平台的快速扩张。

劣势三，这种模式的二手车经过多次倒卖，无形之中增加了二手车的交易成本，买家购买价格也就自然会提升不少。

模式三：C2B交易模式

这种模式的代表平台为开新二手车帮卖、平安好车，卖家先通过线上平台预约卖车，然后到线下门店或检测点进行检测，由平台出具检测报告后，终端经销商通过平台出价竞拍，价高者得，最后由终端经销商把车卖给C端买家。

虽说这种模式绕开了黄牛和4S店等主要卖车渠道，免去了中间的二手车倒卖成本，但是相比个人C2C来说还是多了一层终端经销商的成本。相比其他平台，开新二手车帮卖和平安好车最大的优势其实在于汽车保险。

模式四：B2C模式

B2C模式的代表为优途、优信，通过线上平台对二手车进行收购，再利用平台或线下卖场转卖给用户，是收取差价盈利的“买进卖出”模式。

这种模式是由平台直接出售给用户，能够给用户一定的信任感，不过收购如此众多的二手车，对于平台来说也是需要大量成本的，即便把二手车拿到银行去做抵押贷款，也增加了平台的风险性，同时贷款也是需要付出一定利息的。此外在收购二手车时，定价权完全掌握在平台的采购人员手中，容易滋生平台的内部员工个人问题。

模式五：B2B模式

这种模式其实不介入二手车的直接交易，而是搭建一个二手车经销商间的B2B拍卖交易平台，代表平台有车享拍、车易拍、优信拍等。

这种平台对于卖家来说，售价相对更高、更合理，手续变更更放心、更安全，当然对于买家来说，价格自然也就更高了，不过车况信息会更透明、更有保障，能大幅提升二手车的交易效率。

总体看来，所有的二手车交易模式都是基于O2O，线上只是作为一个信息和沟通平台，而交易最终的完成还是通过线下。未来这个市场将会由两种类型的平台来主导：一种是淘宝的大平台模式，将占据相当大的市场份额；另一种则是纯C2C个人交易模式，也会占据市场20%～30%的市场份额。

5.3 互联网席卷洗车，却为他人做嫁衣裳

互联网之风正在向每一个传统行业席卷，占据着整个汽车市场60%利润的汽车后服务市场也成为无数创业者和投资人疯狂追逐的对象。汽车后服务市场包括维修、洗车、保养、美容、改装、汽车保险、汽车金融等众多方面。而洗车这一最高频次的汽车后服务项目，由于其强大的市场想象空间，让其成为了最热的抢手领域。

从整个互联网洗车市场来看，全国大大小小的洗车O2O移动应用和微信认证公众号已经超过100个，E洗车、洗车宝、爱洗车、车点点、洗车大师、快洗车、TT快车、赶集洗车、呱呱洗车等多如牛毛，有的专注到店洗车，有的专注上门洗车，还有的上门与到店同时做，互联网正像一阵龙卷风般席卷整个洗车行业，同时也引发了洗车行业新的战争。

1. 互联网平台与传统连锁洗车店的对决

从事洗车O2O服务的平台主要有两种：一种是纯粹的互联网平台；另一种是传统连锁洗车店为自身所搭建的O2O服务平台。

相比之下，互联网平台具有很多优势。

优势一，互联网平台采取的是平台运营的模式，会接入不同的商家为用户服务，这样用户能够拥有更多的选择，能有更多的对比性，尤其是遇到一些服务不好的商家时，用户完全可以换一个商家。相比之下，如果是连锁洗车店所搭建的平台，则用户的可选择性就会少很多。

优势二，对于用户来说，选择上门服务，图的就是便利，就是省事。连锁商家所搭建的平台由于门店数量有限，很多地区无法为用户提供上门服务，这就在地域上存在一定的局限。而在线下到店洗车方

面，互联网平台能够提供更多附近的洗车店供其选择。

优势三，相比传统的连锁洗车店来说，互联网平台创业团队在互联网技术、运作上都更有经验。

优势四，互联网平台，尤其是58同城、赶集网等平台也推出了洗车O2O服务，在流量入口上自然就会更有优势。

当然，与互联网平台PK，传统连锁洗车店进军O2O服务也有着自身的长处。

首先，比传统互联网平台更懂得洗车服务，从专业程度上来说自然更胜一筹。如果能够成功地运用互联网为其服务，则在洗车上门服务上会做得更出色。

其次，很多传统线下洗车连锁店已经在多个城市深耕多年，它们的服务已经得到了众多用户的认可。相比之下，对于它们提供的上门洗车服务，也更容易获得用户的信赖，毕竟平台模式会接入更多良莠不齐的服务商，会让平台的价值大打折扣。

其三，平台模式的洗车价格基本都一样，但是服务水平却有高低，缺乏一个统一的标准，而在这一点上，拥有线下连锁服务的洗车店早就形成了一套自己的标准服务体系。

2．上门洗车与到店洗车的模式之争

从洗车O2O模式来看，与其他的O2O服务基本没有什么太大差异，主要分为上门洗车和到店洗车两种。

第一，从便利性来做对比。对于用户来说，上门洗车最大的一个优势就是便利性。很多人都不愿意跑到洗车店洗车：一方面开车到洗车店可能中途会堵车；另一方面就是因为洗车店经常需要排队，尤其是在北京、上海等一线城市，车流量非常大，很多洗车店都门庭若市。

第二，从成本的角度来看。到店洗车需要开店成本、店面租金等，而上门洗车则同样需要购买上门洗车的设备，尤其是人力资源成本大增。从这一点上来看，两种模式的成本都不低。

第三，从价格的角度上来说，上门服务多半采取的方式都是补贴洗车，很多平台为了让用户体验，都推出了首次上门洗车免费。不过相对到店洗车而言，上门洗车在没有补贴的情况下，普遍来说还是比较贵的。

第四，从用户体验上做比较的话，上门服务采取的是微水洗车方式，由于水少，自然也就洗得不是很彻底，同时上门洗车只是洗车的外表，车内几乎完全不碰。这相比到店洗车而言，用户体验上还是要差不少。

第五，从需要突破的难点和障碍来对比，上门服务需要突破物业这个比较大的难点，毕竟上门洗车会给小区物业带来一定的垃圾清理负担，而到店洗车在这一点上则完全可以避免。

第六，从支付的角度来看，上门洗车与到店洗车平台更多的是会采用办理洗车卡的方式，这一点二者区别并不是很大。

第七，对于很多线下商家来说，本身店内的人员就不够使，如果再把他们派去上门服务，就更忙不过来了，所以商家更愿意提供到店服务，而不愿意提供上门服务。

总体看来，从用户的便利性来说，上门洗车还是更受欢迎，但是如果从其他角度来做对比，到店洗车反而优势更多。不过之所以还会有如此多的平台愿意做上门服务，看中的就是整个汽车后市场，它们希望以上门洗车作为突破口，为用户提供更多的维修、美容等增值服务。

3. 自助洗车兴起，发起新的挑战

与此同时，很多线下洗车店在面对来自上门洗车冲击的同时，也推出了一种非常方便的到店洗车方式——自助洗车。自助洗车被业内外人士普遍认为是互联网席卷洗车市场所诞生的一种新产物。

首先，自助洗车的方式将大大节省大多数用户到洗车店要排队等候的时间，对于很多时间宝贵的用户来说具有非常大的吸引力。

其次，从整个国内的洗车店市场来看，最少有超过60%的洗车用户都会购买某一家洗车店的会员卡，然后经常到那里洗车，但是这也

带来了诸多的不便。自助洗车若能在所有洗车店流行开来，会员卡能够实现所有洗车店通用，那么用户洗车就不用每次都到一个固定的洗车店排队等候了。

其三，自助洗车对于洗车店的人工成本来说也是一个极大的节约。每个洗车店只需要提供数台自助洗车机就可以了，甚至都可以不用人来轮流值班，24小时都能提供洗车服务。

其四，自助洗车同时也给其他场所带来新的机会，加油站、停车场、社区等都可以提供这种自助洗车机。

其五，自助洗车还会有一个价格上的优势，由于是自助洗车，因此价格上自然要便宜很多。市场上已有的自助洗车价格为3～5元，而且还节能环保。

毫无疑问，自助洗车的方式比传统的到店洗车优势要明显很多，必将会给传统洗车方式带来颠覆性的影响。同时，由于自助洗车机可以由物业公司为社区车主提供，因此也会对上门洗车造成相当大的冲击。

在互联网席卷洗车行业之时，互联网平台与传统连锁洗车店之间的竞争，包括它们所打造的上门服务模式与到店洗车模式，最后都有可能只是为自助洗车做了嫁衣裳。

5.4 汽车美容养护，谁能笑傲江湖

自从O2O热潮涌来之后，整个汽车后市场就备受资本关注，从二手车交易、上门洗车、汽车保养到汽车金融等，无数的创业者与投资者共同奔向这个万亿市场。巨大机会到来的同时，也伴随着更多的不理智，每一个汽车后市场的垂直领域竞争也是日益激烈。

汽车美容、养护、维修市场是整个汽车后市场利润份额最大的一块，也是整个汽车后市场竞争最激烈的一个领域，谁又能最终笑傲江湖呢？

1. 垂直媒体

作为国内率先涌入到汽车交易市场的汽车垂直媒体不可能会放过汽车后市场这块肥肉，于是汽车之家推出了养车之家，易车网推出了汽车管家……

（1）对于汽车垂直媒体来说，多年来一直都在为用户提供汽车资讯、导购等服务，对汽车经销商及整个汽车行业，包括汽车用户等都非常了解，而对汽车后市场这个细分领域而言，同样也有着自己非常深刻的理解，对打造汽车后市场平台将会显得得心应手。

（2）垂直媒体多年来深耕整个汽车市场，积累了大量的汽车经销商和服务商资源，为展开汽车养护服务打下了深厚的根基。很多进入到汽车养护领域的O2O平台一开始都必须借助大量的地推人员去做推广宣传，才能与足够多的汽车养护服务商达成合作。垂直媒体在这方面可为其节省大量的时间和成本。

（3）垂直媒体在流量入口上相对于其他平台也有一定的优势，汽车之家、易车网、太平洋汽车、搜狐汽车等汽车媒体都拥有一批大量

忠实的汽车爱好者在其平台上阅读资讯等，而这些汽车爱好者大多都是汽车养护市场的忠实用户和潜在用户。

（4）垂直媒体所提供的汽车养护服务既可以让用户选择上门保养，也可以选择附近的4S店、路边维修摊等，最重要的是还能够支持比价，这样用户在选择消费时就能拥有更多样化的选择。

不过汽车媒体要想吃掉整个汽车美容养护市场，还需要从以下两个方面努力：

第一，培养用户在媒体上的消费习惯，很多用户通过汽车之家、易车网等垂直媒体都是为了了解资讯信息而去的，如何把这些潜在用户转化为平台汽车养护的忠实用户，还需要垂直媒体在引导上多下工夫。

第二，几大垂直媒体几乎都涉及到新车交易、二手车交易、汽车金融、各种汽车后市场服务等领域，范围非常广。这样既有好处，但同时也带来了平台精力、资金等各方面的分散，尤其是在移动端，垂直媒体所推出的汽车养护APP都是与原来的媒体平台单独分开的，如何进行资源的有效整合，对于垂直媒体来说也将是一个挑战。

2. 汽车养护O2O平台

汽车养护O2O是最受资本看好的O2O服务平台，博湃养车、车女婿、卡拉丁、e保养、养车宝、养车无忧等大量优秀的汽车美容养护O2O平台都涌现出来，并受到资本的疯狂追逐。

其一，汽车养护平台主要都是借助手机端的优势，尤其是手机附近定位搜索的特性，能够让用户通过平台找到离自己最近的服务商，从而进行预约服务，既可以选择到店，同时也可以选择上门。这种将线上与线下打通的汽车养护服务正在受到越来越多用户的欢迎。

其二，用户通过O2O平台能够进行价格、服务等多方面的对比，从而选择出最适合自己的服务商，尤其是O2O平台所推出的商家信用指数和消费评价等，对用户选择服务商提供一定的参考。

其三，线下到4S店维修、美容价格贵的问题是很多用户抱怨最多的，有些O2O平台同时推出养护用品和汽车配件，用户通过线上购买零件，线下到店找师傅维修、美容等就能节省大量的成本。

这类汽车养护O2O平台面临着两个挑战：

挑战一，服务的标准化问题。每个O2O平台都接入了大量的汽车服务商，尤其是对于一些上门服务，如何保证技术、服务等各方面都能让用户满意，各大O2O平台都还没有建立一个统一的标准。

挑战二，运营商的困难。对于一个O2O平台来说，打通线下商家可以通过地推等比较简易方便的方式进行，但是如何能够让平台拥有更多忠实的用户的确不是一件容易的事情，需要大量的资本烧钱才能占有一定的市场份额。从某种程度上来说，在市场格局未定之前，一旦平台的资金链出现问题，那么这种O2O平台最终也将面临整体运营上的困难。

3. 电商平台

对于整个汽车后市场，淘宝、京东等电商巨头也是虎视眈眈。2014年，淘宝联手北京、上海等200余座城市线下超过3万家汽修服务网点，正式宣告进入汽车后市场；而京东推出的车管家O2O应用，同样也与国内超过1万家优质维修厂商达成了合作。

首先，淘宝和京东作为国内两大电商巨头，在流量入口上的优势是其他任何平台在短时间内难以PK的，大量网购用户群体在购买其他商品的同时也会购买淘宝、京东的车饰品、汽车配件等。

其次，淘宝、京东作为两大电商平台，用户在其平台上也已经形成了线上消费习惯，同时淘宝依托支付宝、京东依托京东钱包已经打通了自己的消费支付生态闭环。

其三，淘宝和京东无论从品牌上来说，还是从资金实力上来说，都远远超过其他平台。这也不难解释为什么那么多的汽车维修服务商都愿意选择与它们进行合作。这两大平台也更能获取用户的信任。

其四，淘宝、京东多年依托电商建立完善的售后服务系统在处理汽车后市场服务上也会有相当大的帮助，优质的售后服务对于汽车后市场能否培育忠实稳定的用户至关重要。

但是电商平台要想称霸整个汽车后服务市场也并非那么容易。

（1）当年阿里推出聚划算，京东也推出了自己的团购频道，可是最终在团购市场中却没有能够占到一席之地。O2O服务毕竟不同于电商，更多的还是需要与线下紧密的结合起来，仅仅依靠线上强大的资源是很难做起来的。这一点淘宝和京东都需要加强。

（2）淘宝和京东的盘子越来越大，与它们合作的汽车维修服务商数量也是相当庞大的，虽说入口流量很大，但是平均分配给每一个服务商的入口流量就很少了，这也就是为什么今天很多人去开淘宝店，几个月都没有什么生意的根本原因所在。

4．上门洗车

洗车作为汽车后服务市场消费频率最高的一个细分领域，很多O2O平台都希望借助洗车服务作为突破口，打进整个汽车后服务市场。其中，养车点点、车点点就是典型的代表。

第一，对于用户使用APP或者微信公众号下单使用汽车服务，最重要的就是培养用户的习惯。眼下大多数用户修车或者想要给汽车美容时，第一时间想到的可能还是4S店和维修服务商。洗车排队等市场痛点给予这类O2O平台培养用户使用APP下单习惯的良好机会。

第二，通过上门洗车与到店洗车，洗车O2O平台能够较快地切入市场，同时在该领域占据一定的市场份额，然后借助平台积累的洗车用户基础，再推出各类汽车美容、养护、维修等服务，也就更容易打开美容养护市场。

第三，很多提供洗车的服务商同时也会提供相应的汽车维修美容等服务，这对于洗车O2O平台日后切入到美容养护市场积累了大量诚信可靠的线下商家资源。

借助洗车打入美容养护市场，的确在前期更容易积累相当的用户群体，但是任何事情都是利弊相生的。

一方面，先进入洗车后再进入整个汽车养护市场，就会在市场先机上输给其他汽车养护O2O平台。等到其他O2O平台已经在该领域占据一定市场地位的时候再介入进去，就会面临更多的市场壁垒。

另一方面，洗车O2O平台切入美容养护市场还将面临一个用户习惯转化的问题，很多用户习惯在这个O2O平台上使用洗车服务，当需要购买汽车配饰、需要汽车美容、需要汽车维修的时候，用户可能还是会选择到其他平台上。

5. 4S店

所有4S店的最大收入来源不是卖车，而是卖车之后的各种服务费用。美容养护O2O平台的兴起，的确给4S店造成了空前的冲击。4S店自然也不能坐以待毙，于是很多4S店通过借助自有线上平台及微信公众号等纷纷推出了自有线上美容养护服务。

第一，4S店一般都是某一个汽车品牌的指定经销商，同时也是车主买车的地方。车主在4S店买的车，基本上都会有一个3年的保修服务，很多车主在车出现问题之后，自然都会首先咨询4S店，4S店为车主提供其他服务也就会理所当然。

第二，车主在4S店买的车，首先会建立一个基本的信任度关系，之后选择4S店提供的其他服务也就会更容易接受。同时，4S店借助线上预约、线下提供服务，能够更好地将线上与线下有利地结合起来，打通此前的信息不对称问题。

第三，4S店对于车主所买的汽车性能等各方面都最熟悉，修理维护起来也就会更得心应手，从车主的角度来说，也就会更放心。

但是4S店提供的汽车维修养护等服务也存在着诸多问题，这也就是为何那么多平台都来挑战4S店地位的原因。

第一，4S店维修保养普遍存在价格贵的问题，而且价格不是高一点，尤其是在零配件上面，收费比很多电商平台要高出一大截。

第二，每一个汽车品牌的4S店在同一个城市往往不是非常多，车主维修或者保养往往需要很远的一段路程才能到达指定的4S店，这也就造成了交通、时间等诸多因素的不便利。

6. 快修连锁

仅次于4S店，快修连锁恐怕是车主们选择保养维修最多的一个地方了，通过借助连锁的优势，打造自身O2O平台也具有一定的优势。

首先，快修连锁因为维修服务店面比较多，车主能够选择离自己最近的维修店，就近选择汽车维修保养等服务，从便利的角度上来说，大大领先4S店。

其次，很多线下连锁快修经过多年的线下服务，积累了一定的品牌优势，得到了众多车主的一致认可，而这些车主往往都是连锁服务店的忠实用户。

其三，从保养维修的技术角度来考虑，快修连锁在技术服务上相比很多路边小摊也更容易获得车主的信任，同时作为连锁经营模式，在服务上也有着统一的标准。

当然，快修连锁相比其他的O2O平台在发展上还是存在一定局限的。

（1）快修连锁只是在为自家的线下连锁店提供线上预定服务，对于用户来说选择性不会很多。很多用户在选择汽车保养维修服务时，往往都会货比三家，这时快修连锁就会存在一定的局限。

（2）打造一个O2O平台，要想赢得整个市场，仅仅依靠自家的连锁店是远远不够的。如果不对外开放，则快修连锁最终只会沦为O2O平台的一个服务商家之一，但对外开放，快修连锁同样也将会面临其他平台的竞争压力。

7. 团购网站

说到团购网站进军O2O市场，美团当属是野心最大的一个，当然大众点评和百度糯米也不会在这方面向美团示弱。几大团购网站纷纷都已经推出了汽车到店服务，近日以美团为首更是直接接入了上门服务，意图上门与到店通吃。

第一，几大团购网站不管是在PC端还是在移动端，都已经具备了一定的入口优势。这也吸引了大量的汽车服务商选择了与三大团购网站的合作。团购网站专注于本地服务，入口相比淘宝、京东更有价值。

第二，团购网站这些年一直都在深耕本地的生活服务。这类生活服务的用户在选择服务消费上已经养成了线上预定、线下消费的习惯，比较容易转化为汽车保养维修服务的用户。

第三，相比其他平台提供的汽车保养维修服务，团购平台有着极大的价格优势，这也是那些在团购网站选择汽车服务最核心的一个原因所在。

但是从团购网站的整体现状来看，选择看电影、餐饮、KTV等几个少数领域比较多，选择汽车美容养护服务的用户却非常少，有两个方面的原因。

（1）很多汽车服务商只把团购网站当成一个宣传和促销的入口，希望借助团购平台发展一些线下会员，但往往都会事与愿违，选择团购服务的用户在经济实力上大都不是非常雄厚的。

（2）不排除有部分汽车服务商对团购用户的服务态度同样非常好，但是多数服务商多少还是会有些区别，这也注定了对服务质量要求非常高的汽车保养维修服务仅仅靠团购是很难做大做强的。

总体看来，在未来几年的时间里，汽车美容养护还将会是一个资本继续搏杀的领域，大多数的汽车美容养护O2O平台最终都将在大海中沉沦，这个领域也必将会出现上门与到店通吃的垂直O2O巨头。

第6章 餐饮美食类O2O

上门厨师能否开创餐饮界新的蓝海

Groupon能否复制美团外卖的成功

在2013年美团年会上，创始人王兴曾经说过：“我们给消费者提供更多、更好、更便宜的吃喝玩乐，吃喝玩乐是每个人都需要的，而今天接近一半的人使用互联网，我们有理由相信，随着时间的推移，随着我们服务的进一步深入，所有的人都可以用互联网、移动互联网的方式去享受需要的吃喝玩乐服务。”在餐饮行业，互联网所带来的改变最为直观，也是最受欢迎的。

6.1　上门厨师能否开创餐饮界新的蓝海

懒人经济的兴起，让众多的互联网创业者和传统行业经营者又看到了新的市场机会。从美甲、足疗到保洁等各行各业，上门服务成为传统企业借助互联网转型的新契机。对于餐饮行业来说，上门服务同样备受餐饮企业的热衷，送外卖这个上门服务其实很早以前就已经流行了，那个时候更多的是电话订餐。互联网出现以后，饿了么、美团外卖、百度外卖、淘点点等外卖平台铺天盖地席卷而来。

对于大多数的创业者来说，外卖最终仍然只是巨头们的游戏。而另一个新的上门餐饮——厨师上门做饭却正在悄然兴起。如果说送外卖主攻的是上门餐饮的低端市场，那么厨师到家做饭，毫无疑问，更多面向的是上门餐饮的高端市场。

好厨师、爱大厨、点大厨、烧饭饭等上门O2O服务移动应用已经开始在北京、上海等一线城市生根发芽，它们能否开创上门餐饮市场另一片新的蓝海呢？

1. 需求在哪里

任何一个行业，如果要兴旺起来，必须要有市场需求的存在，即便是创造需求，也是用户本身拥有这些潜在的需求被激发出来而已。从投资者对厨师上门的热度和几家上门服务的企业市场效果来看，厨师上门的市场空间和前景还是比较大的。此外，据中国电子商务研究中心监测数据显示，2012年，中国餐饮行业O2O用户规模为0.98亿人次，市场规模为386.6亿元。预计到2015年，用户规模将达到2亿人次，市场规模将达到1200亿元左右。

任何一个行业都会有个性化的需求存在，同样很多人对于吃饭也会有个性化的需求。而厨师上门做菜，由于是面对面的直接沟通，厨师会比较了解该需求用户的口味、偏爱，同时也会了解需求用户有哪些忌口，然后根据需求来定制需求用户想要吃的饭菜。所以，针对有个性化餐饮需求的用户，厨师上门这种具有定制化服务特性的餐饮方式是非常可取的。

逢年过节、家人过生日、朋友到家做客等重要家庭场合，往往自己忙不过来，如果能够由厨师来全程服务，则是一件非常省心的事情。一方面，自己可以腾出更多的时间陪家人、陪客人；另一方面，自己定制的厨师所做出来的饭菜水平相对来说口味都还是不错的，自己在朋友面前也脸上有光。

除了以上两种个性化的需求之外，厨师上门还有一个最大的需求，就是高端消费人群的饮食需求。很多收入水平较高的家庭都会请家政阿姨，但是往往家政阿姨的做饭水平都一般，这年头请家政阿姨本来就不好请，否则也不会有月嫂上万的情况出现，请个厨艺高超的家政阿姨就更是难于上青天。这样的家庭往往又对外面饭馆的食材不放心，觉得吃了不干净，尤其是很多父母不放心让自己的小孩吃。如果经常能够有厨师上门为其服务，那么自然也不会在乎这点钱，毕竟民以食为天嘛。

2. 市场的痛点在哪里

（1）安全问题

对于各种上门服务，很多人第一个想到的就是人身财产、隐私等安全问题，厨师上门同样也如此，而且还会有食品安全上的问题。

从市场行情来看，厨师上门APP基本都会提供两种形式的服务：一种是用户自备食材；另一种则是由厨师代购食材。如果是自备食材还好说一点，但是往往大多数用户本来请厨师就是为了偷懒，自然也就不愿意自备食材。厨师代购食材一旦出现食品安全问题，则不管是对厨师还是对平台来说，后果都是很严重的。

至于隐私安全问题也是不少白领颇有顾虑的，尤其是对于一些明星或者有一定身份地位的人来说，更担心个人隐私遭到泄露，这对于厨师的素质和职业道德操守就是一个考验了。

人身安全问题则是双方的：一方面厨师的安全问题存在隐患；另一方面用户的人身安全同样也存在隐患。出了人身安全问题谁来承担责任，这在法律上也存在一个空白点。

（2）盈利模式不清晰

从各大厨师预定平台的运营模式来看，其收入来源主要就是靠从厨师上门这项服务当中来收取差价。不管是全职的还是兼职的，都需要支付相当的提成给厨师，有的甚至全部给厨师，一个订单下来，实际上平台能赚取到的利润非常少，如果仅仅依靠这种盈利模式，则平台很难真正实现盈利。

通过附带的酒水、餐后水果、零食等并没有多大的市场，也许到最后，厨师上门服务平台也会走上广告服务盈利模式。不过从平台的发展现状来看，还没有哪一家上门厨师平台找到真正适合自己的盈利模式，如何开创新的增值性服务，成为厨师平台未来需要积极探索和思考的。

（3）厨师工作太辛苦

从短期来看，很多厨师之所以愿意上门服务，其实都是抱着一种对新鲜事物尝试的态度。这些厨师原来在厨房呆惯了，多少会有些厌烦，想走出来看看。

但是厨师上门服务却是比原来呆在厨房更辛苦的一份工作，收入也不见得比原来高。大多数用户选择厨师上门，要求厨师帮忙采购，厨师需要提前沟通用户需要买哪些菜，然后赶早去菜市场采购。采购完成后，又要坐车赶到用户家中，如果时间太赶，则厨师自己开车或者打车又给自己增加了成本，然后从洗菜、切菜到做菜、洗碗、清理垃圾，整个过程都需要厨师来完成。

如果运气好的话，厨师还能接个几百元的大单，运气不好，忙乎一天，只能接个几十元的单子，还要分成给平台。对厨师更挑战的是，如果用户不满意，随时都有可能被投诉，最后厨师可能还要面临被炒鱿鱼的尴尬局面。这对于很多只炒菜的厨师来说，完全是一个具有相当困难的挑战。所以从长期来看，很多原来薪水丰厚的厨师是不太愿意接受这份工作的，当然也不排除会有一部分厨师为了更好的生活出来做兼职。

（4）容易跑单

这种上门服务是最容易产生跑单现象的，用户之所以找厨师上门服务：一方面是为了食材放心、干净；另一方面也是为了想尝尝厨师烧菜的口味。口味是最容易把用户的心拴住的，一旦某个厨师获得了数家用户的认可之后，完全可以自己单独接稳定用户的私活，这样自己上门服务赚取的费用就可以不用分给平台。对于这种现象的存在，几大平台都还没有找到可行性的合理解决方案，当然也有部分平台的费用是完全给厨师的，平台不从中提成，但是对于缺乏新盈利方式的平台而言，这种烧钱方式又能持续多久？

（5）服务标准不统一

各大平台对于厨师上门的服务质量还没有一个统一的标准，厨师的服务及个人素质等方面自然也会参差不齐。最为重要的是，厨师做饭水平也有高有低，统一价格的话，对待某些厨艺高超的厨师来说有些不公平。但如果收费不统一的话，则对用户来说也略显不公平，用户无法权衡哪个厨师的水平好坏，只知道单纯的适不适合自己的口味，也许一个厨艺很高超的厨师跑去给用户做饭却并不一定能对口味。

此外，对于好厨师、爱大厨、点大厨、烧饭饭等上门厨师O2O服务平台来说，还面临一个巨大的风险：外卖巨头的参战。

其一，饿了么、美团外卖、淘点点、百度外卖等外卖O2O平台都积累了强大的用户基础，除了可以给这些用户提供送餐服务之外，同样也可以提供厨师上门服务，只需要将平台对厨师开放就能轻松介入进来。

其二，淘点点拥有淘宝这个强大的入口优势平台，百度外卖更可以借助百度地图、手机百度作为入口的强大支撑。同时，淘点点拥有支付宝，百度外卖拥有百度支付，能够形成完善的支付生态闭环。

其三，在互联网领域，任何一个平台玩到最后基本上来说都会是资本的对抗。资金实力对于一个互联网平台能否走到最后非常重要，而上门厨师平台在资金实力方面也难以与巨头们抗衡，一旦因为耗不起价格战而导致资金链断裂，则对上门厨师平台来说就是致命的。

其四，还有一个最为重要的，就是厨师上门服务最需要突破用户的信任度，而巨头搭建的平台由于品牌效应，因此也更容易获得用户的信任和认可。

综上所述，从需求的角度来看，厨师上门服务具有相当大的市场空间，定然会对现有的餐饮行业产生一定的冲击，但同时上门服务行业规范的确立、盈利模式的探索等也需要创业平台用心摸索，需要赶在外卖巨头介入之前，迅速占有一定的市场份额，而后方能真正确立自己的一席之地，开创属于自己的那片新蓝海。

6.2 Groupon能否复制美团外卖的成功

2015年，风云变幻的外卖领域发生了两件大事颇值得关注。

一是在中国市场，美团外卖仅用不到一年半的时间，超越了饿了么在外卖O2O领域的六年积累。易观智库发布的《中国互联网餐饮外卖市场2015上半年专题研究报告》显示，美团外卖的市场份额为41.24%，饿了么为38.75%，百度外卖为7.95%，淘点点为3.51%。让外界感到惊讶的是，饿了么的订单份额从第一季度的40.07%下降到上半年的38.75%，退居次席。

二是全球团购行业的鼻祖Groupon效仿其曾经的中国徒弟美团，推出Groupon To Go外卖频道。团购鼻祖Groupon市值只有美团市值的一半不到，想想难免心生几分悲凉，当年的Groupon是何等的风光无限。

那么，此次Groupon推出外卖频道真能复制美团外卖逆袭饿了么的成功经验吗？先来看看美团是如何在短短的一年半时间里甩开众多竞争对手，做到中国外卖市场第一的。

（1）从流量入口的角度来说，美团覆盖了全国1000多个城市，用户数量超过3亿，其中有相当部分的用户以前就在美团有过餐饮团购消费。尤其是美团在移动端更是优势明显。美团移动端交易已经占到整个美团交易总额的95%，这为外卖O2O打下了坚实的用户基础。

（2）从餐饮商家资源上来看，美团过去做团购就已经与国内众多餐饮商家达成了合作，其中就有相当一部分餐饮商家愿意与美团合作送外卖，这让美团切入外卖市场能够轻松入手。此外，美团通过几年团购的积累已经拥有一支庞大的地推队伍，这让美团外卖拓展商家资源也占据了优势。

（3）从技术的角度来看，美团CEO王兴对于技术的热衷是让美团今天能够在团购市场一骑绝尘的最重要因素，通过借助其在团购领域积累的技术经验，美团外卖很快就打通了线上线下，大大提升了商家的外卖配送效率。

（4）从用户黏性和体验的角度来看，美团外卖先是通过联合汇源果汁推出定制包装赠饮，随后又新增便利店、水果蔬菜、甜点饮品等入口，通过不断扩展品类和提供更多增值服务，不仅满足了用户用餐的多样化需求，同时也得到了用户的一致称赞，大大提升了平台用户的黏性。

（5）从物流配送的角度来看，美团外卖采用自建物流与第三方联盟的兼容方式，这样配送更有保障，如2015年4月，美团外卖与肯德基达成合作，肯德基宅急送500余家门店入驻美团外卖，同时美团也不断扩大自有物流团队的覆盖规模。

（6）从商品安全的角度来看，美团外卖从两方面为用户提供保障：一方面，加强对线下商家的监督管理，如有食品不合格，立即终止与该商家的合作；另一方面，美团外卖与互联网保险公司达成合作，为商家提供食品安全险。

这六大原因是美团外卖能够在短时间内排名市场第一的几大重要因素，但是Groupon要想复制美团外卖的经验在美国外卖市场实现逆袭，还需要因地制宜。

1. 中美O2O大环境区别较大

说到中国与美国的O2O大环境，着实是相差万别，这也导致了中美互联网创业环境的诸多差异。

首先，美国人力成本比较高，而中国人口众多，虽然人力成本也在上升，但还是拥有大量廉价的劳动力。O2O对线下服务要求比较高，不管是上门家政、上门推拿还是上门送外卖，都需要人来完成这个服务过程。如果没有大量廉价的劳动力作为保障，那么O2O平台很难真正实现。所以在美国市场，家政O2O鼻祖Homejoy风风火火没多久就宣告破产，其中最核心的原因就是无法支撑高昂的人力成本。

其次，中美的技术创新环境也不同。美国很多大学生创业往往都会比较偏重技术研发类，而中国的大学生创业往往都会选择一些应用开发和线下服务业相关的O2O，这是中国创业者在技术创新上为何始终追不上美国的一个重要原因，同时也导致了中国的O2O创业热潮远远胜过美国。

其三，2015年，随着中国政府对“互联网+”的政策导向，涌现了一股全民O2O创业潮，同时也引发了国内资本市场对O2O的热情。相比之下，美国的资本市场却对O2O并不是非常看好，Groupon市值从150亿美元跌到今天的30亿美元；美国大众点评Yelp从60亿美元跌到20亿美元；预定类O2O鼻祖Opentable被Priceline以26亿美元的价格收购后退市……美国的O2O平台正在受到资本市场的全面冷淡。

其四，从市场规模来对比，中国人口众多，服务业市场规模远远胜过美国市场，庞大的生活消费需求支撑着O2O的繁衍生殖。拿Groupon与美团来对比，美团在2015年7月的交易额达到111亿元，而Groupon却已经被美团甩了一大截。

2. 中美外卖O2O竞争环境不同

美团进入外卖O2O市场的时候，整个外卖市场还处于百家争鸣的时期，饿了么相对比较领先。与此同时，阿里推出淘点点、百度推出百度外卖、腾讯又重金投资饿了么，中国的外卖O2O市场正式进入美团外卖与BAT四强争霸的时期。今天，美团外卖与饿了么已经遥遥领先，属于第一梯队，而百度外卖、淘点点属于第二梯队，到家美食汇等市场份额就更少了。美团外卖再一次经历了当年美团在团购时期的千团大战，可谓是在数场血战之后才最终胜出的。

相比中国激烈的竞争环境，美国的外卖O2O市场却表现得比较温和。眼下美国的外卖O2O市场正处于一强两中时代：一强指的是美国外卖巨头Grubhub；两中指的是Groupon To Go和点评网站Yelp收购的Eat24。

Grubhub在2014年4月上市，市值已经接近30亿美元，与Groupon旗鼓相当，活跃用户数为600万左右，当用户通过其网站订购外卖或点餐时向餐馆收取佣金，每日订单超过22万单，覆盖美国600个城市近3

万家餐厅。与美团的联盟自建物流方式不同，Grubhub通过收购餐厅外卖配送商DiningIn和Restaurants on the Run来增加自己的配送能力。

虽然说Groupon的活跃人数接近5000万，是Grubhub的数倍，也具备美团做外卖时的用户流量、餐饮商家资源等优势，但是毕竟才开始进入外卖市场，后期的用户消费体验、物流配送等都是急需要解决的问题。Groupon前期打算让有配送能力的餐馆自己送餐，后续会与第三方物流机构对接，自建物流对于人力成本高昂的美国市场来说并不现实。

3. Groupon将掀起美国O2O模仿中国潮

O2O概念及模式始于美国，是指为顾客提供线上和线下商务完美融合的购物渠道。概念的核心一是本地用户；二是多种购物渠道；三是多种渠道的完美融合。O2O在美国生根发芽，却在中国市场茁壮成长。

在中国的O2O市场，除了美团之外，做综合O2O的平台非常多，如微信、口碑、手机淘宝、手机百度、百度糯米、百度地图、大众点评、58同城等，此外，还涌现了滴滴快的、宜生到家、e代驾、e袋洗等众多垂直领域的O2O小巨头。中国的O2O创业平台如雨后春笋般地涌现出来，让冷冷清清的美国O2O创业公司多少有些羡慕、嫉妒、恨。

团购鼻祖Groupon放下自己的身段，向美团来取经问道，推出外卖服务。一旦该外卖频道能够帮助Groupon在美国外卖市场站住脚跟，那么像Groupon拜师中国的事例，必将开启美国其他O2O平台前来效仿中国的O2O运作模式，美国互联网创业复制中国模式潮也将由此掀开。

第7章　房产家居类O2O

互联网+，地产商离不开屌丝创业者

互联网+家装暴雨将至，谁才是王者

房产日趋饱和，新房O2O未来在哪里

四代租房O2O模式，未来谁主沉浮

未来租房O2O，谁主沉浮

在《商周刊》专栏里，媒体人闾丘露薇曾经说道："把自己家里面空闲的睡房租出去，可以说是两全其美——降低了游客原本只能住酒店的开支，而自己则可以利用多余的空间赚取收入。这门生意的理念在于'分享'，当然，还有一个更重要的理念支撑这种模式，那就是'信任'。"确实，互联网给房产家居行业带来了活力，更加契合现代人的消费需求。

7.1　互联网+，地产商离不开屌丝创业者

只要提起房地产商，大多数艰辛的创业者都是满满的羡慕、嫉妒、恨。但是随着中国房地产市场的逐渐饱和，地产大鳄们的日子就没有以前那么好过了，眼看着互联网公司一个个崛起，多少开始有些紧张与不安。就连万达地产的王健林也对外表示，未来万达不是一个地产公司，而要成为一家互联网企业。

互联网+的兴起，让地产商又看到了新的机会，纷纷打造孵化器平台，一个又一个地产商打造的孵化器就这样拔地而起。与此同时，地产商开始脱掉过去高大上的外衣，并与屌丝创业者紧密地走在一起。地产商深知，孵化器的发展壮大离不开屌丝创业者的加入。由高大上地产商和屌丝创业者围绕着北京、上海、深圳等一线城市掀起了创客运动。大北京经济圈、长三角经济圈、珠三角经济圈正在逐步形成中国三大互联网硅谷地带。

1. 大北京硅谷地带

以前，只要提到中国的硅谷，很多人自然而然就会想到中关村，不过今时并非昔日，北京的互联网圈子已经不再仅仅局限于中关村，而是扩散到了整个大北京经济圈。北京作为中国的首都，互联网科技人才的聚集地，自然是地产商选择建设创业孵化器的首选之地。

从国家政策的角度来看，北京在政策方面的支持力度肯定要大于其他城市。尤其是国家层面所推行的互联网+经济运动，北京更是要首当其冲带头行动。对于地产商来说，在大北京硅谷地带搞创业孵化基地，定然也能得到很多相关政策上的扶持与指导。

从北京的房地产市场发展角度来看，北京的住宅地产已经被开发饱和，即便是周边的廊坊、固安、燕郊等地方都已经住满了早晨赶往

北京上班的人群。北京的商业地产也基本开发殆尽，商业写字楼遍地都是，同时商业街也在一定程度上受到了电商的冲击。北京发展旅游地产就更不太适合了。互联网+时代来了，无机可寻的地产商又看到了孵化地产这个大好机会。

从互联网创业环境的角度来看，北京是国内聚集互联网公司最多的一个城市，互联网氛围非常浓厚，城市人口基数和密度都非常大，交通四通八达，创业团队也是多如牛毛，再加上北京市区房屋租金贵，地产商在大北京硅谷地带（北京周边）创办的孵化基地也就更容易吸引众多的创业团队加入进来。

从人才的角度来看，北京作为全国的文化中心，聚集了北大、清华、北航等众多一流大学，互联网科技人才在全国也遥遥领先。对于一个互联网科技企业的发展来说，科技人才至关重要。人才兴盛，创业团队才能发展壮大，地产商创办孵化基地也就更容易。

从投资环境的角度来看，北京也是国内投资机构和天使投资最集中的城市，甚至在中关村创业大街流行着这样一个传说：你只要拥有一个好的创意，就能在创业大街轻松找到融资。在大北京硅谷地带打造孵化基地，地产商也更容易拉到投资人到孵化基地来帮助创业者们融资。

当然，如果从创业成本的角度来看，北京自然是国内最高等级的城市，对于地产商打造孵化基地来说，拿地成本高，同时对于创业者来说，租金成本、互联网技术人力成本等也相当高。

从生活置业的角度来看，创业者在北京买房的成本比其他城市要高出很多。房价一直在国内所有城市当中遥遥领先，而且居高不下。对于很多外地户口的创业者来说，即便有钱了，买房、买车还要受到各种限制，空气质量、交通等都不太尽如人意，生活着实过得不容易。

2. 长三角硅谷地带

长三角硅谷地带主要以上海为中心，是中国的经济中心，不乏众多资金实力雄厚的地产商。互联网+时代的盛行，地产商选择在上海打造孵化基地有何优势？

优势一，上海作为国内的经济中心，周边的苏州、杭州、无锡、南京等城市都是国内经济比较发达的城市，与上海共同撑起长三角的经济。所以从经济的发展程度来看，长三角硅谷地带对于很多经济实力雄厚的地产商打造孵化基地，更容易得到周边企业及各界的经济支持。

优势二，不管是今天的互联网时代，还是过去的传统商业时代，长三角都是国内中小企业创业活力最高的地区，这种持续高涨的创业活力是支撑地产商打造孵化基地的动力源泉。尤其是在江浙一带，大量的中小企业都面临着互联网的转型，地产商的加入定然会让长三角硅谷地带的互联网创业活力大幅提升。

优势三，相比大北京硅谷地带而言，长三角硅谷地带除了上海比较发达之外，其他诸如杭州、苏州等地都比较适合创业，创业成本相对来说也比较低，交通便利，居住环境相对来说也比较好。

相比大北京硅谷地带、珠三角硅谷地带而言，长三角硅谷地带存在哪些不足呢?

不足一，创新能力。上海在互联网创新方面要落后于北京、深圳。上海还沉浸在过去那种暂时舒适的商业环境当中。

不足二，融资环境。从融资环境来看，上海也要落后于北京和深圳，对于创业者们来说，前期启动资金及中后期的发展资金都至关重要，在一个好的融资环境里创业要跑得更快。

3. 珠三角硅谷地带

珠三角硅谷地带主要以深圳为中心，涌现了腾讯、华为等优秀的互联网科技企业，是国内仅次于北京的互联网创业中心城市，同时也是地产商非常热衷打造孵化基地的城市。

首先，深圳作为中国最早对外开放的经济窗口，大部分人群都是外地人口。创业者们会感受到更加自由、平等，不管是从创新能力上来说，还是从创业活力上来说，深圳都是在全国数一数二的。这对于地产商打造孵化基地来说非常重要，有创新精神了，拥有活力了，孵化基地才能真正盘活。

其次，相比北京和上海而言，深圳的创业成本也是最低的，不管是对于地产商创办孵化基地，还是对于创业者购房，深圳的成本要低于北京、上海。当然相比于国内其他城市来说，深圳的创业成本也不低。

其三，在融资环境方面，深圳也仅仅落后于北京，排在上海的前面。在国内的大部分互联网企业当中，有相当一部分企业都是从深圳拿到融资的。同时，深圳紧邻香港，聚集了很多香港资本及外籍资本。

但是地产商要在深圳打造创业孵化基地也会面临一定的困难。

困难一，地产商能够围绕北京在河北、天津等地打造孵化平台，在上海也能够沿着江浙一带围绕上海打造孵化基地，而在珠三角，广州和深圳这两座城市实际上是两个孤立的点，周边其他城市的互联网基因还非常缺失。

困难二，深圳虽然具有很多科技型企业，也拥有一定的科技人才，但是深圳的大学却非常少，这一点相比北京、上海而言还是要差很远，所以在人才资源储备上，深圳还是要落后于北京、上海。

总体看来，地产商不管是在北京、上海，还是在深圳打造互联网众创空间，发展壮大都离不开屌丝创业者的支持，过去高大上的地产大鳄们都必须放下高冷的姿态来与创业者一起携手并进。只有帮助屌丝创业者成长壮大了，地产大鳄们的众创空间才能更好地发展。

7.2　互联网+家装暴雨将至，谁才是王者

互联网家装在国内市场早就已经开始生根发芽了，围绕着互联网家装市场的暗战也早已悄然打响，不管是巨头还是传统的家装公司，都纷纷涌向巨大的家装O2O市场，都想在这个万亿市场的巨大蛋糕上分一杯羹。但是与互联网结合的家装O2O市场毕竟不同于线下传统家装市场，最终称霸市场的家装O2O巨头不会超过3家，那么谁将成为它们当中真正的王者呢？

1．以淘宝极有家、国美家为代表的综合电商平台

其实早在2010年，淘宝就已经推出了家装馆，主要以卖家居产品为主。2015年3月，淘宝突然高调推出家装O2O平台极有家，表示了淘宝在家装市场的野心。国美在线商城推出的国美家主打3D建模，通过与新途网的合作，让用户提前利用3D技术实现虚拟家装体验。

（1）淘宝、国美在线作为国内规模庞大的综合电商平台，强大的入口流量、完善的支付及售后服务体系是其他平台难以PK的，尤其是此前淘宝所推出的家装馆、国美在线推出的家居频道，就已经积累了大量的家装用户，此次极有家和国美家的推出则完全可以借助淘宝、国美在线的优势资源。

（2）从线下商家的角度来对比，淘宝与国美在线此前已经接入了很多线下家居产品商家。此次推出家装平台，完全可以利用自己的品牌影响力和实力吸引到更多的个人设计师和家装公司加入到平台中来。

（3）从用户的体验角度来说，国美家所推出的3D线上体验及淘宝打造的线下体验旗舰店都表明，想要打造的都是整套家居设计方案，而非简单的单件商品。对于很多要求省事的年轻人来说，一体化的方

案都将大受欢迎。

但是从极有家和国美家的发展现状来看，距离一个真正的家装O2O平台还很远。

第一，极有家和国美家此前把所有的重心都放在设计和商品上才逐步打入到家装市场。这两家平台所推出的装修方案还远远没有得到用户的认可，而这个过程却是一个漫长的过程。家装O2O要想真正得到用户的认可，最终还是要取决于线下装修能否真正赢得用户的满意。

第二，不管是淘宝还是国美在线，摊子都非常大。O2O盛行天下，很多传统行业与互联网的结合都诞生了新的机会，而淘宝和国美在线要想在每一个O2O领域都能称霸市场，将面临着人力、财力、物力及精力上的分散。

2. 以齐家网为代表的垂直电商平台

其实在国内从事家装垂直电商的平台非常多，包括美乐乐、极客美家、一起装修网、我爱我家等众多平台，作为国内最大的专注于装修、建材、家居的垂直电商平台——齐家网，是2015年才上线的互联网整体家装平台，给垂直电商平台带来了新的希望。

首先，从产品的设计到合作的家装公司、工人及材料等都是齐家网通过严格筛选出来的，对于家装的设计、工程的质量等各方面都能让用户放心。此外，齐家网还会以第三方监理的身份对后续的施工、售后服务环节进行保障，并与平安银行签署1亿元的售后服务保证金。这种提供最优质的施工保障、服务保障、售后保障及金融等一整套服务流程，不仅让用户感觉放心，同时也让用户更省心，尤其迎合了装修房子的主流消费群体——85后和90后的心理需求。

其次，齐家网此前作为国内最大的的装修、建材、家居等垂直电商平台，积累了众多的商家资源及消费群体，同时也在装修电商平台领域积聚了一定的品牌影响力，在这个基础之上打造互联网家装平台，将让齐家网显得更加得心应手。

其三，齐家网打造整体家装平台与众多实力雄厚的装修公司达成了战略合作伙伴关系，包括东易日盛、实创装饰、家装e站、有住网、聚通装饰、同济经典、NatureHome、柚子装修、同济居家、D6装饰等多家公司，同时还与德国贝朗(Bravat)卫浴、安住(Enzorodi)卫浴五金、东鹏瓷砖、海鸥卫浴、大自然地板、多乐士、西门子开关等建材品牌达成联盟。强大的家装阵营团队让齐家网迅速确立了用户对其平台的信任度和行业影响力。

最后，齐家网已经在全国陆续建立了56家线下体验店，未来体验店还会不断增多。线下体验店对于打造家装O2O是极其重要的一步棋，能让用户提前到体验店去体验齐家网的装修风格、质量等，缺乏线下体验，对于重服务、重体验的家装行业来说，无法形成家装体验与服务的闭环。

尽管齐家网打造家装O2O平台优势十分明显，但未来齐家网仍然将会面临一定的挑战。

挑战一，整个互联网家装市场的格局还远没有定下来，没有哪一家家装O2O平台在市场上具有绝对领先的地位，齐家网要想脱颖而出，将面临着与小米、万科、搜房等众多实力雄厚的竞争对手展开厮杀。

挑战二，齐家网打造互联网整体家装平台才逐步开始，未来要想做得更大、更强，就必须吸引更多实力雄厚的家装公司加入到平台中来，如何真正能够帮助传统的线下装修公司进行互联网全面升级，也是齐家网需要不断完善和提升的。

3. 以土拨鼠为代表的家装信息平台

土拨鼠等装修O2O平台是依托家装信息服务而发展壮大的，类似于提供信息服务的58同城，只不过专注于家装领域而已。

第一，家装分类信息网站通过为用户提供相关的信息服务，一方面积累了大量的家装信息爱好者，而这部分爱好者其实大多数都是有这方面需求的用户；另一方面，通过提供信息服务，土拨鼠积累了大量的装修公司资源。

第二，大量的信息服务让土拨鼠为用户提供了多种选择，装修新房对于很多用户，尤其是年轻用户来说都是人生的一件大事，他们对装修风格都有自己心中的一片蓝图，只有经过多方对比选择之后，才能找到最适合自己的装修公司。

第三，从流量入口上来说，土拨鼠通过提供家装信息服务，为自己打造了一个强大的家装入口平台，不管是在PC端还是在移动端，都已经在家装流量入口上获得了一定的优势。

不过土拨鼠的这种信息服务模式也存在着两个比较大的缺点。

缺点一，土拨鼠主要是通过让装修公司和业主实现快速对接，从装修费用中提成获利。这种中介模式相当于在业主和装修公司之间增加了一道环节，无形之中抬高了装修费用。

缺点二，尽管土拨鼠推出了所谓的第三方监管，但因其所提供的信息服务参差不齐，所以很难做到质量上的全面监控。

4. 以东易日盛、实创装饰为代表的传统家装公司

在国内市场，很多实力强劲传统家装公司的业务范围已经伸展到全国多个城市，同时也拥有实力强大的装修队伍。以东易日盛、实创装饰等为代表的传统家装公司也开始向互联网进军。

其一，传统家装公司的最大优势就是比互联网公司更了解行业现状，也更懂得用户的需求，多年以来在线下已经积累了大量的装修经验。

其二，装修对于很多用户来说，美观的设计、可靠的质量都是关注的焦点，而真正能做到让大多数用户都认可的公司并不多。东易日盛、实创装饰等多年来在线下装修市场的辛苦耕耘，已经得到了众多用户的认可，具有一定的品牌知名度，能够率先获得用户的信任。

其三，稳定可靠的设计师、施工队伍是东易日盛、实创装饰等传统家装公司能够走到今天的最根本原因，线下团队对于传统家装打造线上品牌将是强大的后方补充，线下能够为线上导流，线上也能为线下带来创收。

传统家装公司要想在互联网领域有一番作为，有两个比较大的难点需要突破。

难点一，传统家装公司打造互联网平台，一方面在互联网技术上和运营上缺乏一定的经验，最为重要的是在入口流量上存在比较明显的弱势，缺乏强大的线上入口作为支撑，也就难以打造一个强大的线上O2O平台。

难点二，传统家装公司打造互联网平台往往都只是针对自己的装饰公司做一个线上品牌的塑造，并没有对所有的家装公司进行开放，这样用户的选择余地也就非常受局限。

5. 以居然之家为代表的线下实体家居店

居然之家作为一家线下家居连锁店，对于打造家装O2O平台觊觎已久。居然之家O2O线上线下一体化服务，是以用户为中心，集设计、装修、商品交易、社交网络为一体，以线下实体店为主体，O2O设计服务平台和一体化销售平台为两翼，即“一体两翼”的战略框架，旨在打造中国最大的线上线下一体化O2O服务平台，真正为用户提供“大家居”线上线下全渠道全价值链服务。

（1）居然之家作为全球的连锁家居店，在全球范围内都拥有强大的品牌影响力，而乐屋家装则借助居然之家的品牌影响力迅速得到了众多用户的信任和认可。

（2）居然之家在线下实体店拥有强大的用户群体，通过线下家装的实体展示，让用户更直观地感受到居然之家的家装风格。同时，乐居家装作为居然之家打造的互联网家装平台，在质量上对用户来说将更有保障。

（3）居然之家作为家居、装修等为一体的线下实体店，与众多实力雄厚的家居、家装材料供应商都有着长期稳定的合作关系，对用户来说也多了一重保障。

但是互联网时代不同于传统时代，居然之家能够在线下享誉全球，却很难在线上做大做强，主要有两个原因。

原因一，居然之家所打造的乐屋家装坚持自营，确实能够在品质上得到保障，但却大大影响了居然之家家装平台的发展速度。乐屋家装的业务仅仅局限在北京地区，而且增长规模缓慢，短时间内很难向其他城市扩张。互联网是一个开放的时代，如果不开放平台，仅仅靠一己之力是难做大做强的。

原因二，由于居然之家是大型的家居超市，对周边的人流、交通、位置等要求都非常高，很多城市并不适合居然之家这样大型的家居超市扎根。居然之家坚持以线下实体店为主的战略，同时也将让其互联网家装平台的发展受到地域上的限制。

6. 以酷家乐、爱福窝等为代表的家装设计平台

酷家乐、爱福窝等依靠设计作为突破口进军家装O2O的平台在近年来也受到了投资者的热捧。

第一，设计对于选择装修的用户来说是关键因素，酷家乐、爱福窝等家装设计平台通过借助设计吸引无数的家装爱好者和设计师，而这当中有相当一部分正是有装修需求或者未来有装修需求的用户。

第二，每一个用户的房子都不一样，如何为用户打造不同的定制化需求成为众多家装公司和平台头痛的问题。而酷家乐、爱福窝等通过打造极致的用户体验，让用户自己参与房子的设计，不仅增加了用户的黏性，同时也满足了用户的个性化需求。

第三，酷家乐、爱福窝所开发的云设计平台，不仅让用户能够设计自己想要的装修设计风格图，同时对设计师和家装公司来说也大大降低了操作难度。

不得不说，酷家乐、爱福窝等平台通过设计作为家装切入口，的确是找到了一个很好的切入点，不过这种模式要脱颖而出也并非易事。

（1）这种模式的门槛比较低，除了酷家乐、爱福窝之外，还有美家达人、我家我设计等众多平台。门槛低也就意味着竞争相当激烈，要从众多设计平台中杀出来并非易事。

（2）设计对于用户来说，仅仅是引起兴趣的第一步，要想真正打造一个强大的家装O2O平台，还需要靠后面过硬的装修质量、材料、售后服务等，这对于设计平台来说也并非擅长。

7. 以美家帮、爱空间、蘑菇装修为代表的极致互联网家装平台

互联网家装真正开始被炒得沸沸扬扬，还当从小米旗下顺为资本

6000万元注资给爱空间开始，并推出了互联网思维化的小米式家装。不过小米进军互联网家装也引发了其他家装O2O平台的大为不满。美家帮推出“777元/平方米全包”，爱空间主打“从毛坯房到精装房20天、699元每平方米”，蘑菇装修更狠，直接来个“599/平方米整居全包”。

其一，极致互联网家装平台通过借用小米“手机硬件不赚钱，但是后期通过互联网业务和增值服务挣钱”的思维，利用白菜价格积累用户，然后以此来带动家装领域的其他增值消费。比如，小米就是想通过爱空间切入到智能家居，让用户能够购买和使用小米智能家居产品。

其二，效率对于互联网家装平台来说也是一个非常大的优势，如爱空间推出的20天工期，首先从视觉上冲击了用户，而后通过对家装环节的严密把控和工人运作模式的严格执行，在保证装修品质和效果的同时，也节约了用户的大量时间。

其三，极致互联网家装平台通过实现F2C模式工厂直供用户，省掉了中间环节的材料、家居费用，保证了装修的低成本，同时依靠口碑传播砍掉宣传费用，依靠超高性价比赢取用户。

但是打造极致互联网家装平台，在其生存发展道路上也将面临诸多困难。

困难一，极致互联网家装平台依靠超低价格来吸引用户，定然会引发用户对装修质量的担忧，担心因此会偷工减料或者提供很多增值性服务。如何打消用户的顾虑，并真正做到价格低廉的同时品质也能得到保证，是平台面临的最大困难。

困难二，极致互联网家装平台坚持零成本，就必须在做大规模后，借用市场规模的优势来开创新的盈利模式，否则难以坚持太久。

8．以篱笆网、太平洋家居为代表的网络社区资讯装修平台

篱笆网、太平洋家居是一个以装修、建材为主的家庭生活消费社区资讯装修平台，主要的目标用户群体是年轻白领。

首先，社区资讯装修平台能够让用户与商家在平台上交流，可增加平台的用户黏性，同时用户彼此之间也能沟通交流一些装修房子等方面的心得。

其次，装修房子对于很多年轻人来说都是一个比较陌生的领域，社区资讯装修平台能够在这方面给予他们一定的指导和参考意见，帮助他们学到很多关于装修房子、家居生活方面的知识。

最后，从打造流量入口上来说，社区资讯装修平台也吸引了大量的用户，而这类用户往往都是有装修需求的，很可能就是平台的准用户。相比其他家装O2O而言，社区资讯装修平台在细分领域更懂用户的心理需求。

不过社区资讯装修平台难以成长为家装O2O巨头，观点有二。

观点一，社区资讯装修平台更具备的是社交和媒体属性，家装服务只是作为其中的服务项目之一，更多是想做综合化的家居服务。也正是因为发展的重心并没有放在打造一体化的家装O2O上面，就决定了未来在装修方面难以抵抗其他平台。

观点二，与社区资讯装修平台合作家装的传统线下公司也不多，尤其是缺乏一些实力雄厚的装修公司与其合作，毕竟对于用户来说，更看重的还是线下装修的质量、服务的水平如何。

9. 以惠装网、新浪抢工长为代表的去中介化平台

在装修行业一直都有着价格不透明、施工无保障等市场痛点，以惠装网、新浪抢工长为首的互联网家装平台直接打造一个工长和用户的交流平台，同时采用监理进行监管。

（1）这种直接通过工长与用户接触的平台，能够让工长与用户直接沟通、交流，大大提高了工长们的接单效率，同时也降低了沟通成本，最为重要的是建立了彼此之间的信任桥梁。

（2）装修公司一般都没有自建的装修队伍，而是与施工队合作，将项目下放给施工队，然后从业主合同的签约费用中提成40%～50%。去中介化平台让用户通过平台和装修工长直接实现对接，节省被装修公司拿走的大部分费用，这对于用户来说，装修价格会更低，而对于装修工长们来说，收入也无形之中提升了。

（3）在整个装修市场，很多用户普遍反映在装修过程中有一些装修公司存在乱收费的现象。去中介化平台推出了透明报价和工地质量管理系统，对施工过程中的乱收费、工程质量不过关等问题进行严格监管，从某种程度上制止了这类问题的发生。

当然这种去中介化的工长装修式O2O平台也存在一定的问题。

问题一，装修服务的标准化问题，尽管去中介化平台会对装修过程进行严格的监管，但是不同的工人服务水平、技术质量参差不齐，就会导致装修的服务标准难以统一。提升工人的业务技术能力和素质对于平台来说是一个不得不考虑的问题。

问题二，工人上门进行家装服务也会存在一定的安全问题，由于这种家装服务是用户通过平台直接与工人进行对接，然后上门服务，就难免会让少数不法分子钻空子。

10. 以家装E站为代表的寄托O2O平台

家装E站是一个没有自建线上渠道的家装O2O平台，通过寄托在其他平台却获得了不错的发展，先是搭上天猫平台，随后又嫁接入齐家网。那么家装E站是如何做到如此迅猛发展的呢？

第一，家装E站依托全国400余家线下体验和服务中心，覆盖到北京、天津等多个城市，推出了标准化、透明的家装O2O一站式服务。通过借助线下体验的力量，家装E站很快就得到了众多用户的认可。

第二，家装E站通过整合各个城市中小家装队伍，直接与主材厂家达成合作，实现F2C模式，让主材价格远远低于传统家装公司，确保自己的价格优势。

第三，自建平台意味着巨大的成本支出，尤其是平台的推广成本，而家装E站则通过借助天猫这个强大的入口，创下了季度销售额过亿元的佳绩。家装E站这种寄养平台给自己节省了大量的开发、运营成本。

既然只是作为一个寄养式的家装O2O平台，也就决定了家装E站最终不会成为家装O2O领域的巨头。

（1）家装E站通过寄托在天猫、齐家网等平台上生存，从规模上来说，未来不可能会超过淘宝、齐家网，同时也无法对其他更多的家装公司进行平台开放。

（2）家装E站在线下拥有一定的优势，更像是线下的家装小分队连锁店，而在线上却没有自己的品牌优势，缺乏强大的线上入口作为支撑也注定家装E站无法成为家装O2O巨头。

11．以万科、恒大为代表的地产巨头

面对互联网公司纷纷进军家装O2O领域，以万科、恒大等为代表的地产巨头也终于忍不住了，万科牵手天猫进军互联网家装，恒大则通过与海尔合作进军互联网家装。真正刺激到这些房地产巨头进军互联网家装的是小米。小米欲通过家装进军智能家居，甚至是智慧小区，而这对于地产巨头们来说既是一种噩耗也是一种机会，所以自然不能放过。

首先，从实力上来说，万科、恒大等地产巨头自然非一般公司能比，尤其是多年以来在房地产方面的开发经验，足可以使其在家装领域得心应手。

其次，万科、恒大具有强大的品牌影响力，尤其是在房地产方面。几乎只要是买房子的用户，大多会知道万科、恒大这样的地产巨头。如果万科、恒大推出自己的装修平台，定然会受到用户的亲睐，很多用户可能因为这个品牌也会去选择它们的装修。

最后，地产巨头所推出的家装服务在质量上也将更有保障，因为如果家装做不好，则对于它们的地产品牌影响力也会产生不好的影响，所以必然会把品牌放在第一位，把质量放在第一位。

地产巨头进军互联网家装也存在着很多先天不足因素。

不足一，缺乏互联网平台运作经验。要打造一个强大的互联网家装O2O平台，不仅仅只是依靠强大的资金实力就能做到，而是需要更多的互联网思维、人才。

不足二，万科、恒大等地产巨头打造家装平台如果不开放，就将受到发展限制。但如果全面开放，就将面临着其他家装公司与自家家装公司发生利益冲突的问题。

12. 以海尔有住网为代表的传统家电厂商

海尔作为国内响当当的家电厂商，推出有住网则是海尔主动拥抱互联网迈出的第一步。有住网又推出百变加，宣告了海尔力图开启家居一站式时代。

（1）海尔电器在国内市场已经流行多年，得到了很多家庭用户的认可，借助海尔集团强大的品牌实力及海尔地产的资源，海尔有住网很快就得到了用户的信任，并获取到了第一批用户资源。

（2）有住网所推出的百变加年轻化家居产品，受到了众多年轻用户的喜爱，同时用户可以在该平台定制自己想要的任何家居产品，满足了不同用户的个性化需求。

（3）有住网推出了个人装修，同时也推出了集团用户装修套餐，对于一些企业需求者、酒店式公寓来说，有住网的这种集体式套餐更容易受到欢迎，如万科、绿城、恒大、龙湖、世贸，很多做成品房比较好的开发企业，其装修部分都是海尔在做。

纵然海尔有住网具有强大的品牌实力，但是要想成为一个家装O2O巨无霸，仍然有比较大的难度。

难度一，海尔有住网完全依托自身实力打造自我品牌，并没有对外完全开放。即便有住网再厉害，也不可能一家吃掉所有的家装市场，最终一定是平台说了算。就拿有住网入驻齐家网来说，最后也可能被沦为平台的一个供应商之一。

难度二，海尔百变加意图通过智能终端设备实现空调、热水器等家电及煤气阀、背景音乐、中央空调、地暖等设备的集中控制与管理，难免会遇到软件、硬件不匹配的情况，同时也将会牵扯到家庭用户的隐私安全问题。

13. 以搜房网为代表的线上综合房产平台

在面对爱空间推出699元/平方米的挑战，搜房网随后就推出了666元/平方米前来应战。作为国内最大的线上综合房产平台，搜房网自然不可小觑。

其一，搜房网从最开始的房产资讯到今天涉及到新房交易、二手房交易、出租、房产金融、装修等众多领域，拥有庞大的房地产用户群体。这些用户群体当中有相当一部分都会有家装方面的需求，尤其是新买房的一些用户。

其二，通过房天下的装修应用，用户不仅可以选择设计师、材料、工长等，未来还可以通过微视频更直观地了解装修风格，搜寻附近的施工工地，随时进入工地参观，帮助业主更好地做出决策。

其三，多年以来与众多地产楼盘的合作，让搜房网掌握了全国几百个城市新楼盘的开发进度，知道哪个城市、哪个小区的新房该进入到装修阶段，从而能够与业主提前进行房屋装修事宜的沟通交流，实时了解业主的装修需求与动态。

但是众多因素也对搜房网打造家装O2O平台造成了一定的影响。

因素一，搜房网的主要服务核心仍然放在房屋的交易上面，装修并非搜房网主打，只是其中的一个小部分而已。

因素二，搜房网家装作为一个平台，在家装的质量监控和售后服务上并没有采取比较有效的措施，从长期发展的角度来说，缺乏质量监控和售后服务作为保障的平台是难以最终赢得用户认可的。

总体看来，整个互联网+家装市场正处于混战时代，各类平台与模式都有优点，也有缺点，最后能称霸整个市场的一定是属于开放的平台，而最终命运就掌握在质量能让用户放心、售后服务能够让用户省心的家装O2O平台手里。

7.3　房产日趋饱和，新房O2O未来在哪里

一直以来，房地产都是国民经济中的重要组成部分，但是房地产市场的爆发式增长，很明显已经造成了很多城市地产的过度开发，一座座鬼城拔地而起。房地产市场已经严重地出现了供大于求的现状，对于房地产商来说，都急于出售手中的楼盘，不过对于购房者来说，信息不对称使其选择一套真正适合自己的房子还是非常困难的。

传统的房产销售模式已经越来越不能适应买卖双方的需求，与互联网相结合的新型O2O交易模式正在不断涌现出来。随着房地产市场的日渐饱和，过去那个全民抢房的时代早已一去不复返，未来新房O2O的出路到底在哪里？

1．以链家地产、中原地产为代表的传统代理商

互联网的快速兴起，让链家地产、中原地产等传统的房产代理商也看到了新房交易市场未来的走向，与互联网结合是大势所趋。眼看着搜房网等线上交易平台的日渐壮大，链家地产、中原地产是看在眼里，急在心里。这么多年在线下积累的优势如果不能延续到线上，那么未来面临的可能就是被淘汰，于是纷纷开始自己搭建互联网交易平台。

第一，对于链家地产、中原地产来说，多年以来在线下的代理销售积累了大量的开发商房源，这对于它们打造一个强大的线上房产交易平台打下了坚实的基础。比如拿链家地产来说，2014年，链家地产在北京20个中心店开辟万科项目的“专区”，万科在北京销售的所有项目都将与链家地产合作。这对于链家地产来说就十分有优势了。万科在国内地产界声誉颇高，很多用户买房子会奔着万科的品牌去买。

第二，链家地产、中原地产的产业链覆盖到新房、二手房交易及租房等系列业务，在全国都拥有众多的连锁分店。线下分店对于打造线上平台有很大的好处，就是能很好地线上线下结合，线下店面能够为线上导流，同时用户如果在线上有什么不明白的地方，则可以直接到线下分店去咨询。

第三，不管是链家地产还是中原地产，都拥有庞大的用户资源信息库，积累的大量用户信息资源都有可能成为线上平台的回头客。同时在线下多年的运作也积累了一定的品牌优势，很多用户买新房往往对于代理商的实力也会多方权衡，担心房屋交易不安全等。

第四，对于新房交易来说，还有一个非常重要的关键因素，就是销售队伍的建设。很多开发商之所以选择代理商代理，就是看中代理商在销售队伍上的优势。房产销售是人员波动性非常大的行业，很多销售人员可能还没干几天就会辞职，而链接地产、中原地产等传统的大型房产代理商，在人才培训上已经形成一套自有的激励机制，拥有一支强大的销售生力军。

从线上整体的新房市场交易份额来看，链家地产、中原地产所占市场份额很少，究其原因主要有以下几点。

（1）相对于搜房网、乐居等房产销售平台来说，线上交易平台的搭建时间比较晚，错失了一定的市场先机，尤其是线上商业模式并没有独到的创新，只是简单地把线下交易搬到线上而已。中介代理商最大的弊端就是追求快速地把房子卖出去，对于房子的很多缺点信息都对购房者隐瞒。

（2）链家地产、中原地产等传统线下代理商所搭建的线上平台，其最大的不足恐怕还是流量入口不足。整个线上房产销售交易市场主要的流量入口被以搜房网、乐居等为代表的线上互联网媒体平台所掌控，链家地产、中原地产的线上流量入口还需要好好补充一番能量。

（3）互联网平台毕竟不同线下交易市场，链接地产、中原地产所打造的平台都是基于自有业务基础之上的，在很多城市甚至没有新房代理的业务，这就造成了平台的局限性。即便在某个城市拥有代理，但是代理的楼盘数量非常有限。

（4）传统的代理商毕竟还只是停留在过去传统的线下运作思路，缺乏互联网基因和相关人才，在新房O2O平台上也只能摸索前行。尽管房地产行业不同于其他的传统行业，但是线上不同于线下，速度就是金钱，一旦在规模扩张上跑得比别人慢了点，最后就只能沦为其他平台的附庸。

2．以搜房网、乐居为代表的媒体电商

说到整个新房O2O市场，搜房网占据了相当部分的市场份额。乐居背后拥有易居中国、腾讯两大股东，同时也是新浪、百度运营旗下的房产频道，实力也是非同小可。它们都从传统的广告信息媒体转型到集合媒体、新房、二手房、装修、房产金融等为一体的互联网房产电商媒体生态平台。

首先，作为媒体出身的搜房网、乐居，依靠为用户提供强大的房产资讯信息，使其在房地产流量入口上打造了绝对的优势，有了流量，也就有了线上庞大的用户信息源。

其次，在蜕变之前，搜房网、乐居都志在为全国各地的楼盘提供线上信息展示服务，也正是因为这个服务，让搜房网、乐居与各大地产商都搭建了友好的桥梁，为今天打造强大的新房交易平台打下基础。拿搜房网来说，除了在2014年7月入股国内第一大代理行世联行和第三大代理行合富辉煌获取开发商房源之外，又直接拿到了很多地产商的代理权，完成了线上一手房源的积累。

其三，从整个线下交易来说，与过去只是为其他楼盘的代理商带客不同，搜房网打造了一支自有的强大营销队伍，完成了从线上到线下的有利结合。直接拿到代理权，搜房网就可以把新房销售的价格压低，给予购房者更多的折扣，同时依靠房产金融、装修等附加服务实现更多的盈利。乐居也正在努力把自身打造成一个完整的房产方案服务商。

最后，智能设备的便携性使得购房者能够随时随地查看房源信息，碎片化时间得以利用，初步筛选心仪的房源，提高找房效率；同时，移动端基于LBS搜索附近房源，能帮助购房者省时省力实现区域找房。搜房网、乐居在移动端的优势也将帮助它们的O2O之路走得更加顺畅。

尽管搜房网、乐居在新房交易市场拥有较高的市场份额，但是未来能否称霸整个新房交易市场，恐怕并没有那么轻松。

（1）房地产是一块巨大的蛋糕，不论是淘宝、京东等电商巨头，还是万科等地产巨头，亦或是各类新型模式的房产O2O平台，都在不断地涌入到这个市场。这些新的涌入者势必对搜房网、乐居等媒体电商造成一定的市场冲击。

（2）搜房网的线下交易主要通过自己搭建的团队来完成，一方面增加了人工成本，另一方面也会遭到越来越多其他代理商的抵制。

（3）搜房网有相当一部分楼盘的代理权是通过入股传统的线下代理商所获得的，整合线下公司能否顺利，对搜房网来说也是一个不小的挑战。一个是传统的房产销售公司，另一个却是带有互联网媒体基因的房产销售平台，两种文化的碰撞定然会遇到各种各样的整合难题。

3. 以买哪儿为代表的房产大众点评

大众点评，相信很多人都不陌生，但是房产界的大众点评倒还是个新鲜概念。从南京起家的房产大众点评——买哪儿却正在受到资本市场的热捧。据业内人士所了解到的独家消息：买哪儿获得了资本市场1000万元的投资。那么，这种房产点评模式为何能受到资本的亲睐呢？

投资人看好的第一因素：开发商和代理商几乎都是运用信息的不对称来“搞定”购房者的，购房者对于买房的整体流程几乎是空白的，这个强大的市场痛点被买哪儿挖掘到了。它们志在为购房者提供有价值的决策参考，通过性价比、户型、升值前景、物业管理、交通、周边配套、学区、绿化景观、开发品牌及区域发展等10个方面对楼盘进行客观评价，让购房者能够从线上更直观全面地了解到楼盘的优、缺点，同时针对买房全过程中购房者可能产生的需求、疑虑、痛点、担心的陷阱给予专业的解决方案，让购房者没有遗憾。这个强大的市场痛点也就意味着巨大的市场机会。

投资人看好的第二因素：拥有一支在传统房产行业耕耘近15年的精英团队，买哪儿所有的楼盘信息都是通过实地测量、评测出来的，同时线上结合专业人士对该楼盘的客观点评，线下提供400电话咨询、专业置业顾问带着看房、独家优惠、实测看盘、房产金融等系列服务。买哪儿并不参与到房屋的交易中，完全站在购房者的立场倒逼开发商、代理商真正做好产品，提供好的服务，提升优质的用户体验。

投资人看好的第三因素：从短期来看，买哪儿的信息量还不是非常大，一旦信息量铺盖到全国所有的城市，则其规模效应将会非常可怕。得用户者得天下，如果大多数购房者都将这个平台作为自己买房的参考决策平台，那么入口优势将会非常明显。大众点评就是依托信息点评服务在生活团购做大做强的。

买哪儿要想真正将自身打造成地产界的“大众点评”，其实还是有很远的一段路程要走。

（1）买哪儿所有的楼盘信息都是通过人工实地考察、测量后发布到线上的，同时还要对该楼盘进行深入、全面的综合分析与评估，大大影响了买哪儿在前期的扩张速度。如果要把自己的业务扩展到全国所有的城市，那么时间成本和人力成本是非常大的。同时，未来每个城市的新楼盘同样也需要线下人员去进行新的实地考察。

（2）从盈利模式的角度来考虑，买哪儿既然不参与到房屋的实际交易当中来，同时又完全站在购房者的角度，就不会通过广告、电商来实现盈利。如果通过房产金融服务来实现盈利的话，必然将会直接面临地产商和楼盘代理商的竞争，盈利模式是买哪儿未来还需要深挖的一块领域。当然，从互联网思维的角度来看，如果一个平台一旦拥有了用户，也就拥有了话语权，还怕找不到盈利点？

4．以房多多、吉屋科技为代表的经纪公司平台模式

与搜房网、链接地产等自主销售不同，以房多多、吉屋科技为代

表的经济公司平台模式获得了长足的发展，志在与传统营销代理行业一起拥抱互联网，从而全面转型互联网。

其一，房多多、吉屋科技所推出的这种模式得到了所有线下传统代理商的一致支持，很多房产平台之所以在速度上进展缓慢，就是因为受到了代理商的抵制。房多多、吉屋科技在开发商的楼盘资源积累上，通过借助传统线下代理商的力量，能够在很短的时间里得到大量的一手楼盘资源。

其二，这种无需自己搭建线下团队，也无需直接对接开发商的模式，可以节约线下门店租金和人力成本，只需搭建好平台，借助代理商的经纪人队伍，迅速扩张市场。这一点从房多多的扩张速度就能窥见一斑。

其三，比较有意思的是，房多多和吉屋科技这两个平台在天使阶段都获得了腾讯联合创始人曾李青先生的投资。同时，这两个平台的管理团队和技术团队都主要来自阿里巴巴和腾讯公司。从互联网基因的角度来看，这也是这两个平台的优势所在。

但是从长远发展的角度来看，房多多和吉屋科技的这种模式还是存在一定的弊端。

弊端一，房多多、吉屋科技纯粹只是采用与各大代理商合作，把固定的佣金全部分给代理商，那么房多多和吉屋科技就只能通过向购房者收取电商费来获得盈利。这种模式与搜房网过去的带客模式其实是一样的，无形之中加大了购房者的负担，搜房网正是因为感受到了大多数购房者的抱怨才果断抛弃了这种模式。

弊端二，房多多、吉屋科技的这种模式仍然是完全站在传统代理商的利益角度，并没有站在购房者的立场为购房者真正解决购房需求。从短期来看是赢得了传统代理商的一致拥戴，获得了迅猛的发展，但是从长期来看，这种模式仍然只是传统线下房产销售模式，并不是未来房产O2O发展的大趋势所在。

5. 以平安好房为代表的房产金融平台

平安好房正在试图通过房产金融来打造一个新型的房产交易平

台，通过推出“好房宝”这类宝宝理财产品达到蓄客的目的。同时，平安好房在2015年5月29日与万科、绿地、万通等数十家房地产企业共同发起并成立了中国房地产众筹联盟。该联盟由房地产、金融、互联网等行业龙头企业组成，旨在以众筹模式改造房地产，从零构建众筹地产模式与生态。

第一，平安好房推出的好房宝，是一款与货币基金挂钩的理财产品，购房者将资金存入好房宝，除了能够获得货币基金收益外，在一定时间内，通过平安好房认购新房可以获得额外的房积金收益。这种方式既为平安好房自己积累了大量的购房潜在用户，同时还能让自己在房产金融上获得更大的发展。

第二，平安好房所推出的地产众筹让购房者实际上成为了微开发商，真正参与到地产开发当中来，更容易带动楼盘的销售。从开发商的角度来看，解决了它们的资金需求；从购房者的角度来看，参与地产众筹的用户定然会把相关楼盘推荐给自己的朋友。这种通过众筹作为媒介的模式很好地搭建了楼盘与购房者之间的关系桥梁。

第三，平安好房从开始推出的那天起，就志在打造一个去中介化的房产交易平台。这种模式在业内引起了不小的轰动。平安好房凭借着自身强大的资金实力和品牌影响力，让其跨过中介与各大地产商达成直接合作，在中介代理费用上为购房者省了一笔。

如此看来，平安好房岂不是要成为新房O2O的佼佼者，但事实上并不是这么回事，平安好房的新房交易难以做大做强。

（1）对于平安而言，不论是做平安好房也好，还是推平安好车也罢，平安的最终目的都是想通过地产、汽车将自己的金融平台做得更大，所以平安好房推出的去中介化其实只是一个噱头，平安的重心也不会放在新房的交易上面，而是放在房产金融上。

（2）平安好房在流量入口上也没有任何优势，相对于搜房网、房多多等新房O2O交易平台来说，平安好房的交易规模甚至可以忽略不计。而缺乏互联网基因的平安好房既没有线上的优势，同时也没有线下的长处，未来在新房O2O这条路上，平安好房何以发展壮大？

6. 以好屋中国、尚房网为代表的全民经纪人模式

在传统的房地产圈内，不同的开发商、经纪公司和代理公司各自为政，信息链不流通，竞争不透明，导致了经纪人之间的无序恶性竞争，于是以好屋中国、尚房网等为代表的全民经纪人模式开始流行起来。

首先，好屋中国、尚房网的这种全民经纪人模式将得到经纪人的大力支持，尤其是那些通过房产销售作为一份兼职的用户。过去经纪人卖房子的佣金很大一部分都被代理商扣掉，而采用这种全民经纪人模式后，佣金大战也就无形之中消失了，每一个经纪人都会推荐平台上的房源给自己的用户，平台的影响力也就无形之中扩大了。

其次，好屋中国、尚房网既推出了专业经纪人，同时也推出了社会经纪人合作模式。社会经纪人只需要带着自己的朋友或者亲人到合作的楼盘成交房屋就能获得一笔丰厚的佣金。这种发动社会经纪人的方式将会大大加快平台卖房的速度。

从好屋中国、尚房网的全民经纪人发展模式来看，并没有取得迅猛地发展，有以下三大原因。

原因一，好屋中国、尚房网的这种全民经纪人模式，尤其是社会经纪人确实为楼盘的宣传起到了一定的促进作用，但是社会经纪人的加入也带来了参差不齐的服务，一旦房屋交易中出现了各种问题，社会经纪人往往都会推卸责任。再者说，大多数社会经纪人也不会为了赚取亲戚或者朋友这点房屋交易佣金而使劲鼓吹亲戚朋友去购买某一个楼盘，除非是他们觉得这个楼盘真的好才会去推荐给朋友。

原因二，好屋中国、尚房网的楼盘代理权都是从地产商那里直接获取的，既不像房多多通过代理商获取房源，也不像搜房网通过前期的积累和入股代理商获取房源，无形之中也影响了好屋中国、尚房网在房源上的扩张速度。

原因三，好屋中国、尚房网的这种直接抛开经纪公司模式也遭到

了经纪公司在一定程度上的抵抗，要想彻底取代传统的经纪公司，还需要一个长远的路程。

此外，还有以Q房网为代表的经纪公司加盟模式。这种模式实际上与好屋中国有些类似，都是找开发商做一级代理商。不同的是，好屋中国把房源直接给经纪人销售，而Q房网则通过让经纪公司加盟的形式来帮自己卖房子，实际上是让经纪公司成为了二级代理商。这种模式相比全民经纪人模式是降低了经纪人的佣金收入。虽然从短期来看，Q房网能够借助经纪公司的线下门店优势，但是从长远来看，这种加盟模式远不及全民模式。

电商巨头如淘宝、京东，地产大鳄如万科、远洋、碧桂园等，也都对房产电商虎视眈眈。随着新房市场的不断饱和，购房需求和品质不断提升，未来哪类新房O2O平台能真正为购房者解决购房需求，就将会得到购房者的拥戴，成为最终的赢家。

7.4 四代租房O2O模式，未来谁主沉浮

相比时下最火的词，除了股市，想必就只有互联网了。互联网的低门槛、便捷性、共享性、互动性及强大的颠覆力等特性，不断激发人们越来越多的创造性想象，几乎给每个触网的行业都带来了颠覆性的革命。

由此，人们被时代的马车拉进了这个不触网、不个性、不娱乐、不互动、不颠覆就被淘汰的时代。

租房经济，也毫无意外。

租房经济，从最初的触网即租房O2O一代，解决了信息不对称的问题，发展到租房O2O二代，由PC客户端覆盖到移动客户端，再到租房O2O三代，开始出现颠覆性的革命。

简单意义上的“租房O2O”，就是租客和房东通过PC互联网客户端或者移动互联网客户端的线上房源平台，达成线下的租房交易。租房O2O在互联网浪潮的推动中进行了多次改革升级。

下面就带大家来看看当今的租房O2O模式，立足当下，未来该如何玩转互联网时代下的租房经济？

1. 租房O2O一代

租房O2O一代，也就是代表着传统的租房O2O模式。

模式：线上平台发布房源+门店运营推广+线下沟通=促成租房成交。

该模式涉及的对象有平台开发者、房东、租客、中介。平台开发者、房东、中介三者一般没有关联性。

盈利模式：房东、租客、中介均可免费使用该平台，平台开发者利用该平台获取广告主的广告费用。

优势：通过图片甚至视频，更立体直观地展示房源信息。对于租客来说，可快速掌握大量的房源信息，提高租房效率；对于房东来说，利于提高房源出租效率，尽快获取出租效益；对于中介来说，是否成功和快速促成房源出租，同样关乎其收入。

不足：传统的租房网站，一般不对房源信息进行核实筛选，使得大量的虚假房源隐藏其中，或者产生大量的重复房源。同时，高昂的中介费、多次转租、克扣押金、出租住房的日常监护缺失等弊端造成了租房市场的混乱，影响了房源出租的效率，进而影响到该租房平台的利益。

大家耳熟能详的带有租房业务的网站，如58同城、赶集网、搜房网、新浪乐居、搜狐焦点等，即是第一批传统的租房O2O模式。

2．租房O2O二代

模式1：中介自行开发线上平台发布房源+门店运营推广+线下沟通=促成租房成交。

该模式除了中介融合了“平台开发者”这一角色外，特征和盈利模式与传统的租房O2O无革命性区别。

模式2：留有传统的PC客户端，再联合开发移动互联网客户端，大部分还保留着门店经营。

该升级版本属于初级版本，只是考虑到现今人们阅读习惯的改变，移动互联网客户端的流量逐渐增多，故简单的将传统的租房O2O复制到移动互联网客户端，运营和盈利模式与租房O2O一代大同小异。

如今，大多数租房网站都开发了手机客户端的租房APP应用软件。

3．租房O2O三代

模式1：中介费嫁接房东，培养自己的中介队伍，创新经纪人考核。

例如，丁丁租房。

丁丁租房面世的第一步就是打破旧的行规，不向承租方收取中介费转嫁向房东收取5天租金作为服务费。同时，丁丁租房在线下培养了自己的经纪人团队。

在保障经纪人服务质量方面，丁丁租房改变传统中介以业绩金额为唯一考核方式的办法，按照成交件数来考核，并加入了客户评价。

平台提供专业的工具为经纪人“增信”，而经纪人信用记录也会在线上公示，用户具有选择权。而在成交后，经纪人的收入和用户评价强关联。

盈利模式：初步看盈利模式是转嫁到房东的中介费。但据之前的媒体报道，丁丁租房相关负责人表示，还没有想好盈利模式，只是想把规模做大。规模做大了，自然就有盈利模式了。

优势：不向承租方收取中介费，大幅降低了承租方的经济压力和决策成本，使用户量增多，同时房东的出租选择多了，房源的出租周期也会随之缩短。据丁丁租房相关负责人介绍，在丁丁租房与房东的接触中，大部分房东对仅相当于5天租金的服务费认可度还是非常高的。

培养自身的经纪人团队，采用新的考核制度：一是方便管理，保障服务质量，维护平台健康的租房生态；二是利于刺激团队的工作积极性，从而增强其服务意识。

不足：盈利模式单一且不清晰。

模式2：全程信息化，无线下门店，佣金减半，自有经纪人团队，改变经纪人收入结构。

例如，爱屋吉屋。

自2014年3月正式成立，到业务落地京、沪，半年多的时间，爱屋吉屋的规模已急剧膨胀到了1500多人，其中一线的经纪人约为1200人。

其主要模式是建设一个全城统一的房源大数据体系。在这个体系里，购房者可以按照地铁的路线筛选，也可以按照公交的路线筛选，还可以按照是不是学区房筛选。

开发可以提供全套O2O房屋信息服务的软件，希望用互联网思维打造全新服务，让天下没有难找的房，同时去线下门店化，全程线上交易和服务。

北京规定，二手房佣金是2%。爱屋吉屋在北京和上海的租房都是半佣，也就是1%的佣金。在给员工的工资发放上，爱屋吉屋按服务水平发工资。

盈利模式：依靠1%的租客佣金。

优势：公司将互联网信息技术全面引入到中介公司管理流程，信息透明、公开，利于促使交易公平、有序，进而带来高效。无线下门店，节省成本；低佣金，吸引租客；对经纪人收入结构的调整，利于提高团队的服务质量和工作积极性。

不足：盈利模式较单一且盈利较低，较低的佣金将使得爱屋吉屋对其成本结构及公司效率的要求更高。

模式3：免佣入住，酒店式管理，拎包入住，随时搬家。

例如，彩之家租房平台。

2013年，彩之家2.0模式正式启动，探索并搭建房屋租赁O2O平台。彩之家就是在业主手上把房屋租下来，放到旗下平台统一管理租赁。

彩之家为用户搭建O2O社区租房综合服务平台，提供业主出租、租户求租、在线支付租金、套餐服务线上下单、线下服务等功能。

同时，彩之家保证业主每月准时收到租金且不收佣金，自行承担物管费等杂费，且24小时提供物管服务。

区别于其他租房O2O平台的最大亮点是，彩之家的租客相互之间还可换房。例如，在彩之家租了房子，如果想换，则只需在彩之家平台下的众多房源中挑选合适的住处，所有费用全免，直接打包就可搬家。

盈利模式：承租业主房源后，出租获取的租金差价。

优势：免佣金入住，即是对租客的一大让利；酒店式管理，也使得房屋质量和居住环境得到一定的保证；同一平台下可实现换房，是租房平台中少有的人性化和多元化。这三大政策，对租客来说，都具有很大的诱惑力。

不足：对平台的物业管理运营能力和成本管控能力要求较高。

4．租房O2O四代（服务型O2O公寓）

（1）自如：自主品牌B2C+互联网管理手段+管家式的服务+社区化的年轻生活

自如是链家集团旗下的租住产品与服务的互联网租房O2O第一品牌，拥有针对业主与租客的资益+、自如•友家、自如•寓三大产品线。

资益+：全程托管服务，盘活大量闲置资金，通过专业的资产增值维护房源，为超过20000名业主提供专业的资产管理服务：维修保洁、资产查验、定期报告、租客认证、家财险等。

自如•友家：针对合租推出的子品牌。

自如•寓：自如旗下高品质青年独栋公寓，除租客自己的居住房间外，还提供了包括影音区、书吧、花式台球、健身房等公共空间，为年轻租客打造了居住社交平台，增强了年轻租客的城市归属感。

自如的所有房源均经过专业设计，实施统一时尚装修、原创家居及品牌家电配置等，保证房屋质量和舒适度；同时，提供租期内的租客保险、双周保洁、专业维修及搬家等多项品质服务，在行业首家推出“三天不满意，全额退款”的服务承诺。

找房、下定金、签约、续租、退租、转租等一系列服务都通过互联网来实现。

产品的服务对象定位在年轻时尚一代，给年轻租客提供一些个性化的线下服务和活动，并整合一些资源，希望构造一个线下到线上的大社区。

（2）YOU+国际青年公寓：租整栋房源+开放式装修+社区化+活力青年文化

YOU+的商业模式是租房，租下整栋楼，重新改造之后向年轻租客出租，主要针对参加工作不久，有活力、有思想的年轻租客。

卖点是和睦的公共空间和紧密的社区氛围，让年轻租客之间可以更好地交流，秉承了以用户为核心的思维，允许租客对租住空间进行改造，公寓的一层开辟成所有租客的客厅，可以聚会、观影、会客、泡吧甚至办公。

（3）友社、青客、蘑菇公寓、寓见等：房屋托管+标准化装修+租后服务

友社、青客、蘑菇公寓及寓见的租房O2O模式相似，采用“房屋托管+标准化装修+租后服务”模式。例如，友社与房东签下5～10年的房屋托管合约，进行标准化装修，合约期内按间多次出租给租客，成为托管运营的品牌二房东。

服务性的租房O2O公寓是租房O2O最新的升级版本。该升级版的共同点主要有以下几点：一是采用互联网技术管理手段，尽可能实现流程智能化、技术化；二是房屋托管较为细微的区别在于，有些平台是集中式租下整栋房源，再进行标准化装修托管，有些平台是分散式分批租赁闲置房源，再进行标准化装修托管；三是租客定位于年轻有活力的群体，主打自由、开放、互动的青年文化；四是优化租后服务，增加公共互动区域和活动。

盈利模式：收入来源于租金，通过居住体验、社区活动等线下服务增加平台的附加值，进而加大租客黏性和忠诚度，从而获取更长远的发展和利益；低廉的分销成本；有些租房平台还可以利用长租平台拥有稳定的现金流优势，合理利用金融杠杆投资获利。

优势：对于有自主房源的平台来说可以统一标准化管理，同时为租客提供真实的房源照片和信息及定制化的特色服务；通过房屋托管、标准化装修及租后增值服务，给房屋出租业务增值，吸引更多的客源；极具想象力的盈利空间，利用培养起来的用户黏性和忠诚度延伸产业链，开辟新的经济增长点。

不足：租房经济大多在一二线城市较为发达，一二线城市的毛坯房源很少，在房源的供给上带来了一定的阻力。标准化改造房源，也使得投入成本高，风险大。

在服务型O2O公寓模式上，个性化服务是一大卖点，但在增值服务和改造房源方面的投入及佣金方面的降低，使得租房平台难以在租金上占有市场优势，甚至略贵。这群刚出来工作，追求时尚的年轻人，又有多少人愿意为这些服务买单呢？

7.5　未来租房O2O，谁主沉浮

最初的互联网对传统产业的渗透主要停留在信息载体的改变，即使是当红的移动互联网，也只是从PC客户端转移到移动客户端。慢慢地，有些产业革新到现在，才出现开创性甚至颠覆性的改变。

但大多数传统产业的“互联网+”模式并没太大改变，其盈利模式、管理模式甚至是技术上的革新都没太大的开创性。

传统产业要真正借力互联网达到颠覆性的变革和发展，需要从内到外的变革。

对于租房O2O的变革，当然仍需要互联网技术上的革新。技术上的革新，可以使得房源的获取更加快速便捷，使得网上交易更为安全。

不管是什么样的经济变革，最直接的效果验证，就是改革能产生多大的利润。插上互联网翅膀的租房O2O盈利模式在哪？在采用线下门店，采用技术节省人力、物力，采用零佣金吸引客源等手段下，租房O2O的盈利模式在哪？

沿着租房O2O的发展轨迹来看，租房O2O四代绝对是租房平台最具有开创性和想象力的模式。通过技术，省去中间交易环节，省去门店产生的费用，节省人力、物力的投入，同时免去中介费用，使房东直接面对租客。这一系列的过滤，节省了很大一笔开支。

同时，从最初满足安身的基本需求，上升到居住体验上；从单纯的邻里关系，衍生出社交经济；从简单的收租投资，升级到资本运作。

这些都是四代租房O2O带来的革新。

但模式再完美，还需技术的到位，人力的到位，房源的供给，租房平台所宣传的增值服务是否真正到位，盈利模式的多样化，都影响着租房O2O的发展。

未来租房O2O，谁主沉浮？

第8章　购物电商类O2O

生鲜电商七剑论天山，孰能问鼎中原

购物中心O2O，王道在哪里

在2012年中国经济年度人物评选现场，万达创始人王健林与阿里巴巴创始人马云打了一个赌："10年后，如果电商在中国零售市场份额占到50%，我给马云1亿元。如果没到，他给我1亿元。"这场豪赌引起了巨大的关注，也让人们更加关注巨大的零售市场。

8.1　生鲜电商七剑论天山，孰能问鼎中原

电子商务这些年可谓是风声水起，几乎触及到了传统行业的每一个角落。近日“互联网+”更是掀起了一层又一层波浪，可惜在生鲜电商领域却始终没有激起浪花。不过却没有阻挡人们对于生鲜电商的热情。在他们看来，生鲜电商是电子商务市场仅剩的一块肥肉，绝不能放过这个机会。

不管是电商平台还是传统的线下超市，甚至物流企业也都踊跃地加入到了这场生鲜电商的争夺战中，模式多样，差不多共有七种模式。但是从格局来看，还没有哪种模式能够真正称霸生鲜电商这个市场，那么在未来，这七大模式谁又将成为最后真正的赢家呢？

1．综合电商平台

说到电商，不得不提阿里、京东等电商巨头。天猫、京东、苏宁易购、一号店、亚马逊等综合电商平台都已经开始涉足生鲜电商。相比其他生鲜电商而言，综合电商平台具有几大明显的优势。

其一，综合电商平台最大的优势是入口上的优势，尤其是天猫、淘宝，占据着整个中国超过80%的市场份额。这种强大的流量优势是其他生鲜电商平台短期内难以企及的。

其二，综合电商平台早就培养了用户良好的购物习惯，这更是一种天然的优势。很多用户到天猫、淘宝、苏宁易购等平台上购物的同时，看到了生鲜电商类的产品也就相应地会去选择购买。

其三，对于网购的用户来说，信任是非常关键的一项因素。很多用户选择网购更愿意选择天猫、京东等具备足够诚信力的平台，很多才开始起步的生鲜电商很难在一开始就做到这一点。

其四，对于生鲜电商这样的网购平台来说，完善的支付系统也是相当有必要的。而这一点上，恐怕对于其他生鲜电商平台来说，是很难像淘宝、天猫那样再打造出一个强大的支付宝出来的。

其五，天猫、京东等综合电商平台具有强大的品牌优势，拥有众多忠诚的用户，这也是其他生鲜电商所不具备的。

既然综合电商平台具有如此众多的优势，那么是不是说综合电商平台在生鲜电商领域就完美无瑕了呢？当然不是。

第一，综合电商平台面临着商品标准不统一的问题。综合电商平台主要做的是平台，大部分生鲜产品是通过平台上的商家来销售的，不同的商家所销售的生鲜产品在质量、价格等方面没有一个统一的标准，这对用户来说就需要进行大量的对比才能选择出更加物廉价美的生鲜产品。

第二，由于综合电商平台做的是平台模式，因此商家销售的生鲜产品质量无法把控，可是生鲜产品不同于其他产品，一旦出现食品安全问题，则对整个平台来说是毁灭性的灾难。

第三，对于综合电商平台来说，商品损耗是一个非常普遍且严重的问题。很多商家在邮寄生鲜产品时没有特别注明或者选择了一些服务不太好的快递，则损耗就避免不了了。

第四，很多商家选择的送货物流在送货时间上没有保证，对于生鲜产品的保鲜来说也是个非常严峻的问题。

第五，同样还是物流上的问题，由于生鲜产品对于物流的要求比较高，所以运送单价自然也就贵。本来就没有什么价格优势的生鲜电商，还需要用户付出昂贵的物流费用，自然也是用户难以接受的。

2. 物流电商

说到生鲜电商模式，依托快递起家的顺丰优选是不得不提的一种模式。农业是电子商务唯一一个没有完全电商化的行业，顺丰CEO王卫选择从快递跨界到生鲜电商也是雄心不小。在他看来，顺丰快递选择做生鲜电商有着其他任何平台所不具备的优势。

优势一，顺丰拥有国内最庞大的快递大军，而顺丰的快递服务在国内所有的快递公司当中也是最受用户认可的。生鲜电商是一个对快递要求非常高的领域，而这恰恰是顺丰的优势所在。

优势二，生鲜电商对于仓储的要求也十分高，顺丰物流在全国各地拥有大量的仓储中心，这也是顺丰相比于其他平台不小的优势。

优势三，顺丰快递能够与顺丰嘿店很好地结合起来，在全国70个城市拥有超过500家顺丰嘿店，这对于顺丰优选做社区O2O来说也是一个明显的优势。

当然，顺丰打造一个全新的生鲜电商平台也面临着不小的挑战。

挑战一，顺丰优选在前期的推广成本会非常高，这也是为何顺丰优选虽然在生鲜电商的市场份额最高却仍然不能盈利的原因所在。

挑战二，顺丰优选做生鲜电商自营，在供应链管理方面面临的挑战非常高。如何保证平台能够实时供应新鲜、上好的生鲜产品，需要与全国各地很多农场、水果蔬菜批发市场达成紧密的合作。

3. 食品供应商

中粮我买网和光明菜管家是传统食品公司进军生鲜电商的两个典型代表。我买网是中粮一手打造的。菜管家是光明食品集团后来收购的。食品公司直接做生鲜电商，自然也有着不小的优势。

首先，我买网和菜管家在食品供应链上是其他生鲜平台难以PK的。很多生鲜电商之所以难以运转下去，很大一部分原因就是在食品的供应链上面出了问题。

其次，中粮和光明食品集团在食品仓储上的能力也是相当强大的，这一点也是很多生鲜电商平台难以企及的。

其三，中粮和光明的食品在安全上很容易获得用户的信赖。食品安全对于一个生鲜电商平台来说是用户购买的第一步。

最后，中粮和光明在生鲜食品上有着明显的价格优势，很多食品的价格都掌握在它们手中，所以打价格战的话会很有优势。

同时，对于我买网和菜管家来说，物流也是它们面临的一大困难。物流跟不上，就意味着生鲜产品送到用户手中时很难继续保持新鲜，损耗率也会比较高。

此外，相比于淘宝、京东等电商平台，我买网、菜管家在前期运营上需要更多的人力、财力。

4．垂直电商

莆田网、优菜网、本来生活网等垂直生鲜电商可谓是生鲜电商的发起者。正是因为它们的崛起，才让其他的电商平台开始觉醒。

由于垂直电商的专注，比别人更关注细分领域，所以也就比其他平台更懂用户。不过由于垂直电商的诸多劣势，故也使其很难做大做强。

劣势一，对于垂直电商来说，食品的供应商并没有前期的积累，导致在供应链上很容易出现问题，尤其是一些刚创业的垂直电商，由于实力比较弱小，因此也就没有食品供应商愿意与其合作。

劣势二，生鲜电商对于物流配送来说要求十分高。如果采用物流外包，则商品损耗的可能性会比较高。如果采用员工配送，就需要大量的人力，并且在一定程度上限制了公司的扩张速度。

劣势三，由于缺乏品牌知名度，前期要获取用户的信赖并到平台上直接消费购买生鲜产品的难度非常大，成本非常高。

劣势四，食品冷仓储也是垂直电商的一大劣势。规模庞大的冷仓储需要投入大量的资金，这对于实力并不雄厚的垂直电商来说自然也是困难重重。

5．农场直销

农场直销模式的代表有多利农庄、沱沱公社，依托自己的农场打造生鲜电商，有着不小的过人之处。

第一个优势也是最大的优势，因为是自己的农场，所以在食品安全问题上有绝对的信心，而且生态果蔬是用户最喜欢，也是最愿意购买的。

第二个优势则是在供应链上的优势，由于是自产自销，所以完全不用担心产品的供应会突然出现问题。

第三个优势则是在近距离上的优势，由于都是刚采摘的新鲜果蔬，所以近距离配送的话，对于农场直销来说能够保证果蔬的新鲜度。

既然近距离是优势，那么远距离配送自然就成为了农场直销模式的劣势。因为对于农场直销平台来说，由于农场的距离比较偏远，所以快递上门取货、送货都是一个比较麻烦和耗费时间的过程。

再者，农场直销平台由于是自产自销，所以在产品的广度上自然也就无法满足具有多样化需求的用户。

此外，农场直销平台也需要承担一定的风险。自产的果蔬有可能会因为季节、雨水、技术等原因导致收成不好，也会在一定程度上影响自己的供货量。

6. 线下超市

从华润万家、永辉超市到麦德龙等生鲜平台的相继关闭，可以看出线下超市涉足生鲜电商并非易事。

虽然在产品的近距离配送、冷仓储、供应链管理等方面都有着较为明显的优势，但是由于搭建生鲜电商平台之后的入不敷出，所以导致线下超市涉足生鲜电商纷纷关门大吉。

一方面，多了一项没必要的配送人力成本（本来用户都是直接到超市购物，现在却需要配送，如果是远距离，则同样也是了一份快递成本，且需要有专人来打包发货）；另一方面，还需要为此付出更多的网上运营成本，这个本来就不是线下超市的强项，不懂互联网的它们自然需要为此付出更多。

7. 社区O2O

其实说到社区生鲜O2O，不管是淘宝、京东，还是顺风优选、垂直电商等都有涉及，都在试图以此作为生鲜电商的突破口。不过，最具代表性的还是要数微商，借助微信公众号，大量的创业者做起了社区生鲜配送。

其一，社区O2O送货上门十分方便，并且能够保证菜品的新鲜，减少损耗率。

其二，在支付环节上，社区O2O也能够通过线下货到付款的方式，这样对用户来说更有保障。

其三，对于很多购买生鲜电商的用户来说，讲究的是一个速度，因为家里没菜了，需要买菜，但是又不想去菜市场，这个时候只需要通过微信公众号或者手机APP就可以直接购买。社区O2O模式能够保证送货时间很短。

其四，社区O2O商家只是送货到附近的小区，不需要大量的冷仓储，只需要采购少量的新鲜蔬菜就行，同时还能保证果蔬及时卖掉，这就减少了浪费、节省了成本。

当然，对于社区生鲜微商来说，前期也需要在推广上下一番苦功夫，尤其是在规模扩张上，需要更多的成本，扩张速度也会相当缓慢。

大家都知道，手机淘宝、手机天猫同样具有定位的特性，这就解决了淘宝做生鲜O2O的困境。淘宝推淘点点成功杀入餐饮O2O就是一个很好的例子。相比微商而言，淘宝、天猫在生鲜电商的商品标准统一上更容易实现。此外，阿里菜鸟物流正在为生鲜电商的远程配送保驾护航。

总体来看，在这七种模式当中，最后生鲜电商会形成以淘宝为主、微商为辅的格局。垂直生鲜电商、顺丰优选、我买网、菜管家等最终在规模上很难与淘宝相比，线下超市、农场直销等最后可能都会跑到淘宝上去开店，并且借助微信公众号为其推广、服务。

8.2　购物中心O2O，王道在哪里

近日，飞凡电商开放平台正式上线，引发了无数评论人士的热议。有的人说万达一波三折，难以转型成功。敢问：谁创业能够一帆风顺？哪个传统企业转型不经历些痛？如果什么都顺顺当当，那么反倒不能转型成功。也有的说，万达难以抵挡住阿里、京东的竞争。敢问：京东做便利店O2O是依托物流，若做购物中心到店体验，则物流用武之地在何处？而阿里与万达的对决，一个是互联网，一个是传统购物广场，已有无数成功案例证明、企业家一致认同：懂互联网思维的传统企业更容易成功打造O2O！

如果说电商冲击了线下商场，那么O2O则是拯救线下商场的稻草。马云数年前曾豪言，要依托电商彻底击败传统线下的购物中心时，也是没有料到今天会出来个O2O，竟然还这么火，能够有望盘活线下实体店，给传统购物中心雄起的机会！

借助飞凡O2O这个话题，探讨一下整个购物中心未来到底该怎么走？传统的线下商家如何更好地把握这个伟大的互联网时代，与时代一起并进。先一起来探讨一下整个购物中心O2O市场的模式，再寻觅出购物中心O2O的王道在何方？

1. 传统购物广场打造的自主O2O模式：大悦城

国内几乎所有的大型购物中心都在开始向O2O转型，并纷纷推出了自主打造的O2O，不过纵观国内所有的大型购物中心，打造自主O2O模式比较成功的典型代表是大悦城。但是大悦城的模式能不能成为购物中心O2O的最终方向呢？先来分析一下大悦城成功的原因。

首先，大悦城拥有中粮集团的雄厚“后台支撑”，能够保证足够的

资源和资金，这就相当于搬掉了转型路上很大一块绊脚石；其次，大悦城主打年轻群体，在设计上注重时尚、有视觉感的元素，提高了购物体验；第三，果断提出“去百货化”的战略思路，专做线下体验购物店，同时还自建360度会员管理和大数据营销体系，用互联网思维盘活购物中心的运营机制。

这几条说得轻松，但几乎每一条都是高成本、高投入、高风险，并不适合绝大多数购物中心效仿。尤其是后期运营的成本，更是中小型购物中心无法承受的，如线上线下会员、积分的打通，以及线上平台的维护、大数据开发建设、分析管理，均需要巨大的人力、物力、财力的投入。

从互联网思维层面来讲，互联网时代是共享经济的时代，而自建O2O顶多是让自己有了个线上平台，会员、积分等都无法实现共享，就算可以打通连锁购物中心，要想加快自主O2O发展速度，也得用传统的开发商方式，先拿地、开发、建设、装修到招商，建设一个新的购物中心，才能向前挪一小步，这样的发展步伐很难与开放的O2O平台竞争。

2. 传统购物广场万达打造的平台模式：飞凡

近日，飞凡开放平台正式上线。随后又传来了万达与大众点评合作的消息。这一系列的动作都在表明万达正在大刀阔斧的改革和转型。按照飞凡的设想：年内要完成1亿注册用户，同时完成与370个大型商业中心的合作。那么，飞凡模式能否成为购物中心的出路口呢？

从用户体验的角度来看，眼下飞凡APP能够提供找店、电影、地图、排队、停车等多种服务。飞凡建设了基于大数据的会员运营管理平台，庞大的线下线上资源可为会员提供最优、最完善的会员权益；同时以会员账户为基础，聚合资金、积分、卡券、银行卡、公交卡、预付卡、微信支付、百度钱包、快钱等有价值的账户，实现一卡通消费，并与平安万里通、京东、招商银行、携程等达成积分业务合作，大大提升了用户体验。

从商家的角度来看，飞凡已拥有近6000万名注册会员，未来通过整合腾百万会员体系，会员总数将超过10亿，微信、百度地图有望成为飞凡用户强大的入口平台，如此庞大的用户群体和流量入口对于商家来说吸引力十足。尤其是飞凡已经形成了大数据应用体系和数据产品，对包括百货、商管、儿童、酒店、地产等多个业态具备了完整的分析框架，可提供管理、营销、客流、会员、积分等各方面的分析结果，帮助商家实现精准营销。

对于线下购物中心而言，飞凡开放的平台可节省一大笔费用开支。飞凡背后的腾百万个个实力雄厚，依托飞凡平台，借助飞凡的会员体系、一卡通、积分联盟等可以大幅提升用户体验，同时借助飞凡的大数据分析能力，实现对用户的精准营销、管理等。对于其他购物中心来说，正需要这样的平台来帮助自己实现转型。

打造购物中心O2O的关键在于线下的用户体验，万达广场本身在购物中心已经积累多年的经验，能够更好地做线下体验。飞凡借助万达在全国的100多家购物广场，能够在前期就迅速打进全国多个城市，而后依托万达广场作为根据地，再渗透到每个城市的其他购物中心。飞凡未来只需要把以下两步走稳了，则其模式为众多购物中心解脱并不难。

第一步，资源整合问题。如何将万达的会员体系与腾讯、百度的会员体系打通，如何将万达广场所有的消费体验都整合到飞凡平台上，最为重要的是如何能够成功整合其他购物中心的资源，并打通数据，需要一个时间过程，同时也将面临一定的阻力。

第二步，如何更好地利用大数据。眼下飞凡在成都的云计算基地即将建成，飞凡也已经形成了大数据的应用体系，但是要通过借助原有线下数据的基础，并结合线上用户的消费行为等更好地为用户提供智能化服务，也并非那么简单轻松。

3. 电商巨头阿里、苏宁打造的购物中心O2O

其实说到购物中心O2O，很多人都喜欢拿万达打造的飞凡与阿里打造的喵街进行对比。因为从实力上来说，只有二者才有资格进行对抗。不过喵街与飞凡并不具备可比性：一个是具备传统行业基因，更懂线下；而另一个则是具备强互联网基因，线上更有经验。反倒是阿里喵街与同是电商出身的苏宁具有更多的相似性。

阿里喵街眼下在杭州已经覆盖西溪印象城、天虹、武林银泰、城西银泰城等10多家购物中心，进入上海与万科2049海上传奇达成了合作，而苏宁易购则通过6家苏宁广场和8家苏宁生活广场的打造，在购物中心的规模上与阿里喵街相当。

如果说万达飞凡、大悦城更注重的是线下真正的O2O一站式消费体验，那么阿里喵街和苏宁的意图则是要更好地把线上电商与线下购物结合起来，是两类完全不同的购物中心O2O模式。线下零售百货本身就正在受到阿里、苏宁电商的冲击，要帮助购物中心提升线下销售，本身就存在一种矛盾。这一点从阿里入股银泰后，银泰业绩并无明显改善迹象就可以看出来。阿里喵街和苏宁要想真正打造一个成功的购物中心O2O模式，就必须去除这种线下购物的思路，应该把重心放在电影、餐饮等娱乐生活消费和产品体验上，如此再借助阿里、苏宁的大数据优势，方有可能真正盘活购物中心。

总体看来，未来的购物中心O2O更应该像是一种娱乐、餐饮等消费中心和产品的体验中心，线下极致的用户体验是购物中心O2O真正的王道所在，而会员将会成为购物中心O2O争夺战的制高点。

第9章 其他O2O

虚火一片的酒业O2O离春天并不远

历史回归，上门看病必重现辉煌

O2O能否真正让医药电商大放异彩

体育O2O在爆发的路上，资本狂躁

如今，O2O的身影已经遍布社会生活的方方面面。在资本的支持下，一些不为人所重视的行业也在经历着巨大的改变。踌躇满志的创业者不断开拓着新的领域，而传统的行业也在寻求自身的变革。在互联网大势下，几乎所有的行业要么主动变革，要么等待着被改变。

9.1　虚火一片的酒业O2O离春天并不远

在O2O东风的吹拂下，不管是电商还是传统的线下酒企，都纷纷涌向了酒业O2O，并开始探索自己的O2O模式。虽然外表看起来热火朝天，但是酒业O2O的整体市场行情却并不是很理想，至今为止都是在烧钱，甚至有人开始怀疑酒业O2O的市场前景。

从历史的角度来说，白酒行业的传统渠道都已经被过度开发，市场饱和，酒企要想继续借助传统渠道来获得更大突破的可能性已经非常小；从现状来说，酒业O2O都还处于模式的探索阶段，同时线上与线下结合的市场还没有完全拓展开，未盈利的现状只是暂时的；从未来的发展来看，酒业O2O却是大势所趋，买酒送人这类需求往往会通过线上购买，而平常喝酒需求则更多是当时到线下购买，这两种需求唯有O2O能同时满足。酒业O2O企业都在积极探索最适合自己的模式，春天离它们并不遥远。

1. 传统酒企

传统企业进军O2O的步伐丝毫不比酒类电商平台慢。茅台习酒的O2O官方网上商城已正式上线；汾酒开始通过专卖店体系，借助线上酒仙网、京东和天猫等平台尝试O2O；洋河则通过自营APP“洋河1号”和酒行联手向O2O发起了进攻。与此同时，张裕、通葡等葡萄酒企业也加快了铺设O2O道路的步伐。对于这些传统酒企来说，近两年线下销售的急速下滑，使其不得不利用自身的优势抓住O2O这根救赎稻草来守住江山。

首先，试水酒业O2O的传统酒企基本上都是行业内有着相当影响力的品牌酒企。这些品牌优势让其在O2O的道路上可轻松地突破第一层障碍——用户的信任。

其次，传统酒企在线下运营多年，已经拥有了强大的线下渠道体系，这对于它们打通O2O来说积累了相当的地利优势。

其三，从酒业O2O市场战况来看，这场O2O的市场争夺战在很大程度上也是各大平台资金与实力的对抗，传统酒企品牌在这方面的实力个个都不弱，完全有足够的实力支撑自己立足于O2O大市场。

当然，从传统酒企在O2O的布局来看，要想真正迎来酒业O2O的春天，还需要补充些能量。

第一个，O2O是一个线上线下高度融合的领域，仅仅在线下拥有优势资源还远远不够，需要线上团队具备良好的互联网整合思维：一方面，传统酒企需要培养内部员工的互联网意识；另一方面，传统酒企也需要引进更多优秀的互联网人才。

第二个，几乎所有的传统酒企在电商运营、网络营销、社会化新媒体等运作方面还存在着很大的不足，这是当下急需要加强补充的。尤其是传统酒企在移动互联网上缺乏入口优势，因此必须要在微信公众号、移动应用等上面加大宣传力度。

第三个，传统酒企要想打造一个强大的O2O平台，就必须对外开放平台，仅仅依靠自家的产品很难做成平台。除此之外，对于很多用户来说，他们也希望能够在O2O平台上有更多的选择。

第四个，对于一些不是很想搭建平台的传统酒企来说，传统酒企与电商平台可以找到一个很好的共生共荣生存模式，传统酒企搭建好线下，然后线上借助其他平台作为品牌入口。

2. 酒类垂直电商

在B2C的电商模式遭遇发展瓶颈之时，酒业O2O被垂直电商普遍视作新的希望。酒仙网、购酒网、中酒网、买买圈等酒业垂直电商平台都开始试水O2O。中酒网喊出了2015年要做千家加盟商的规模，已经投入了3000多万元进入北京市场，开设了近百家门店，全部为直营门店，在北京实现下单20分钟送达。酒仙网推出的O2O平台“酒快到”则更加疯狂，欲投入10亿元加码O2O，将送达时间缩短至9分钟。

其一，对于酒类垂直电商来说，在线上已经积聚了一定的用户资源和平台的线上优势，对于拓展O2O有着相当的先发优势。

其二，电商对于物流的配送要求程度相当高，从物流的角度来说，垂直电商在酒类物流上也已经与多家物流达成了亲密合作，对于展开O2O数分钟送货到家也会有一定程度上的帮助。

其三，酒类垂直电商在做O2O之前就已经与诸多的传统酒企达成了合作，对于供应链来说也有了一个强大的后方保障。

其四，酒类垂直电商早就打通了用户购买、支付等通道，开设线下直营店是对品牌建设的一种最有力的补充，同时线下用户能够导流到线上。

从垂直电商拓展到O2O，酒类电商平台还需要克服一定的困难。

困难一，实现O2O闭环，最起码的要求是电商平台需要有足够的线下门店作为支撑，否则数分钟送达就成为了一句空口号，而这却需要大量的资金、人力投入，同时选址也是一个相当大的困难。

困难二，垂直电商线下拓展单独靠自己的实力显然会影响扩张的进度，但是开放线下加盟对于O2O平台的管理又会带来新的挑战，服务的规范化和标准化会遇到更多难题。

困难三，如此大规模的扩张，垂直电商很容易陷入线上线下无法同时兼顾的尴尬局面。线上需要面对综合电商及新进入者的挑战，线下也难以在短时间内撼动传统酒企和线下连锁的地位。

3. 酒企连锁店

从酒类O2O的整体战局来看，1919酒类连锁店在线下的布局速度是最迅猛的。2015年，1919计划实体店要突破600家，店中店要突破2000家，有效会员超500万。从2011年开始，1919就投入巨资启动运营信息系统化矩阵，完成了包括采购、仓储、物流、呼叫中心、电子商务、CRM会员管理等现代化信息管理系统。

第一，相比酒类电商企业而言，1919在传统的线下运营当中，经验是相当丰富的，连锁模式正在成为酒企连锁的代表。

第二，1919打通了从厂家直达用户的环节，在价格上相比传统经销商有着巨大的优势。

第三，相比其他酒类电商平台需要通过第三方物流的仓库跨省周转，1919的店员会直接骑着电瓶车把酒送到用户手中，减少了建立仓储的成本，也节省了额外的包装、物流开支。

1919在线下的战绩确实有着很多值得骄傲的地方，不过在线上的布局却还需要弥补很多短板。

短板一，与酒仙网这类垂直电商平台相比，1919的线上销售差距还十分明显，在线上的用户购买体验等方面都需要加强。不过1919和中酒网想深度结盟倒是在一定程度上弥补了自身的这个短板。

短板二，电商平台发起的线下反攻对于1919的冲击还是相当大的，而1919的线下连锁并非遍地开花，市场辐射范围还不是很大，在辐射范围外，与其他O2O平台抢夺更多的线下市场份额将会面临着很多严峻的挑战。

短板三，1919在社会化媒体当中的运营也存在很多不足，1919在线上的品牌知名度并不高，这个需要加强。

4．综合电商

酒类销售巨大的市场让综合电商平台对其同样垂涎三尺，天猫、京东、苏宁、1号店等综合电商平台无时无刻不对其虎视眈眈。

首先，综合电商在线上的入口和流量优势自然是其他平台无法比拟的，很多用户在这些平台上购买其他产品的同时也会考虑购买一些酒类产品。

其次，综合电商平台所打造的用户购买习惯、支付、物流配送、售后服务等生态电商体系，也是众多中小垂直电商平台在短时间难以追上的。

最后，酒类电商是一个信任度相当高的产品领域，很多用户在网上都对买到假酒抱有一定的担心。综合电商平台相比一些刚成立的线上电商平台而言，更容易让用户产生信任感，打消购买顾虑，同时大型综合电商平台在售后保障上的可信度也更高。

尽管综合电商平台都在布局O2O，但是从动作来看，在酒业O2O上的动作却并不是很给力。

一方面，综合电商平台的盘子太多，那么多的O2O都需要布局。天猫志在打造一个集合所有生活、购物、服务为一体的O2O巨无霸，而京东的O2O重心主要倾向于便利社区O2O，在很大程度上给其他酒业O2O创造了机会。

另一方面，天猫、京东、苏宁等综合电商平台在线下酒业门店的建设和投入力度都相当小，一旦酒仙网、1919、中酒网等平台在线下建立了稳固的城墙之后，就很难再在此领域获得突破，毕竟线下不同于线上。

5. 平台主导型

以上海国际酒业交易中心为代表的平台主导型正在尝试新的O2O模式。这种平台自己并不卖酒，只是为上游厂家提供销售渠道和相应的服务，同时自己也不开店，而是通过连锁加盟的方式聚拢众多的经销商和门店。

第一，交易中心是上海市政府特许设立的酒类公共交易平台，只是为上下游提供一个交易的平台，是站在绝对中立的公开公正第三方交易平台，在信誉上来说，是其他任何O2O平台无法比拟的，在相当高的程度下杜绝了假酒。

第二，交易中心不赚取差价，只收取2.5%的平台服务费用，所有利润给连锁店，对连锁店来说收益有保障，同时对于用户来说价格也就更透明了。

第三，对于用户来说，还可以把需求第一时间反馈给酒厂，让酒厂零距离贴近用户，以需定产，同时也可很好地解决传统酒类行业用户分散无法管理、渠道成本高等问题。

虽说这种酒业O2O模式优势颇为明显，但是从用户的角度来考虑，毕竟只是一个小众需求，不会成为酒业O2O的大趋势所在。

从所有的酒业O2O布局当中可以看出，垂直电商平台和线下连锁已经占据一定的先发优势，正处于市场的烧钱争夺战当中，一旦格局确立下来，春天也就将真正来临。

9.2　历史回归，上门看病必重现辉煌

互联网医疗发展到今天，不管是BAT巨头还是小米等新崛起者都涌入到了这个市场。由于医疗行业的特殊性，医生资源、医疗设备等众多现实因素，因此互联网医疗虽然在某种程度上解决了挂号、排队等问题，但看病难的问题却始终没有从根上得到缓解。

实际上，不管是在古代，还是在当今很多农村地区，上门看病都非常流行，并不存在看病难的问题。很多农村地区，家里小孩或者老人生病了，都是把村医生叫到家里来看病。上门看病在古代及农村地区已经流行了几千年。到了近代，西医的盛行让上门看病成为了一种奢侈，看病难的问题也就越来越严重。

医疗O2O的兴起则让城市里上门看病成为了一种可能，很多并不需要跑到医院去化验这化验那的头疼感冒，只需要中医到家把把脉，吃点药或者打一针、打个点滴就完全可以，既解决了头疼感冒等小病上医院看病难的问题，同时也为那些真正需要到医院看病的患者腾挪出了大量的空间与资源。于是，上门看牙、综合看病等各类医疗O2O如雨后春笋般地涌现出来，它们将共同撑起上门看病这片新的蓝天。

1. 综合看病平台

国内诸多综合医生平台，如好大夫、春雨医生、看处方等都纷纷推出了私人医生这项服务，通过医患在线初步沟通病情后医生上门看病，也可以直接线上预约医生前来看病。

首先，从需求的角度来看待这种私人医生上门看病。购团邦资讯创始人刘旷认为，医生上门看病有两种刚性需求存在：一种是出行不是非常便利的老年人，这部分人群占据了国内整个医疗消费人群的大

部分；还有一种就是病情不是很严重的患者。其实对于很多人来说，小病完全没必要到医院去做各种抽血化验、拍片等。

其二，在国内的一二线城市，到稍微大点的医院去看病，即便是很普通的感冒，没有几百元恐怕都下不来，到医院看病贵的问题始终困扰着大多数普通老百姓。尤其是在北京、上海这样的大都市，甚至都流行这样一句话：得什么别得病！足见看病贵对老百姓所造成的伤害之深。而上门看病则把各项昂贵的化验都免去了，省去了大笔的看病费用。

其三，尽管医生在国内是一份收入不错且比较稳定的职业，但是还有相当一部分的医生希望通过兼职来多赚一份收入，同时还有一些本着救人救世之心的退休老中医愿意诊治更多的病人。这种医疗O2O平台恰好满足了他们的需求。

其四，对于一些收益并不是很好的私人诊所和医院来说，也愿意与医疗O2O平台合作提供上门看病服务：一方面能够增收；另一方面也能给诊所、医院带来更多潜在的消费人群，提供优质的上门服务对于诊所、医院的宣传也是一个很好的方式。

其五，医生和患者之间的不信任是近代以来看病最普遍的一个问题。患者对于医生的医德往往充满质疑，同时也有部分患者对于医生的医术充满不信任，通过线上沟通线下医生上门看病，医生与患者能够有更多的交流时间和空间，对于彼此之间建立长期的信任是一个很好的方式。

其六，患者通过在线预约，能够很轻松地预约到在相关方面经验丰富的医生，同时医生通过在线与患者进行沟通交流之后，也能够对患者的病情有一个初步的判断，上门看病也就更能准确地对症下药。

其七，到医院看病需要忍受挂号难、排队等候看病等诸多浪费时间的程序，上门看病则完全可以为患者排除这个挂号难题，同时还能节省大量的时间。

正是因为上门看病有着强大的市场需求及其能够有效缓解看病难的现状，购团邦资讯创始人刘旷认为，综合医疗O2O平台所推出的上门看病，未来会成为患者选择看病的主要方式之一，但同时还需要克服以下一些方面的障碍。

障碍一，平台对上门看病医生资质和医学水平的把控是最需要突破的障碍。一个平台能否真正做起来，最核心的因素就是取决于平台是否拥有数量足够且医术高明的医生。尽管各大医疗平台在这方面都进行了严格审核和把关，但是难免还是会有很多东郭先生蒙混过关，平台对于上门看病患者的反馈也需要重视起来。

障碍二，各大医疗平台在处理纠纷责任如何认定、如何监管等问题上，都还没有明确的答案。上门看病一旦发生误诊或者医疗纠纷等问题，谁来承担责任，患者要如何进行维权，这是平台需要突破的第二个障碍。

障碍三，很多老人之所以愿意到指定的大型医院排队看病，最重要的一个原因就是因为医保报销。而上门看病的医疗费用就只能由患者自己来承担，这对于退休金并不是很高的老人们来说是一笔不小的开销。不过据消息称，支付宝正在考虑将医保纳入计划之中。

障碍四，上门看病的同时还会面临医疗设施不足等问题，如果是稍微严重些的病情，则在家做检测自然会不方便。

障碍五，在农村上门看病的医生往往彼此都互相认识，但是在城市里就不一样了，彼此都不认识，上门看病还会面临安全上的问题，不管是医生还是患者都存在这方面的隐患。

2. 垂直医疗平台

说到垂直医疗平台，比较流行的当属上门看牙。一些看牙类网站纷纷与牙医及每个小区附近的牙科诊所合作，为小区需要看牙者提供上门看牙服务。

牙疼不是病，疼起来要人命，此言丝毫不虚。很多患者牙疼了免不了要上医院或者诊所，上医院挂号难、价格贵；去牙科诊所，整个口腔市场又良莠不齐、两极分化，患者也不知道哪家诊所好、哪家不好。而看牙O2O平台则同时排除了去医院和去诊所的麻烦，患者通过平台自主选择优质服务的诊所和评价更高的医生来为自己服务，医生通过携带便携式设备，让患者花小价钱就能享受到大医院的服务。

不过对于大部分牙科诊所来说，它们更愿意居民到诊所来看牙。

一来牙科诊所就在小区附近，距离不是很远，走路基本上在10分钟路程以内，提供上门服务并没有太大的意义，毕竟在诊所看牙相对于家里来说还是要更方便一些，设备、药物也更齐全。

二来很多小区牙科诊所一共就那么几个牙科医生，提供上门看牙将大幅增加诊所的成本，每位医生每天看的病人数量将大幅缩减，如果医生每天都上门服务了，则开诊所的意义也就不大了。还有相当部分的牙科诊所，每天看牙的病人很多，哪有闲功夫提供上门服务。

三来诊所的牙科医生上门服务还容易发生跑单现象，对诊所来说甚至有可能得不偿失。

当然，这种看牙上门服务对于那些想创业和想赚一份兼职收入的牙科医生来说却是一个大好机会。

一方面省去了开诊所店面需要的租金、设备等成本，几乎随时随地都可以创业。

另一方面借助看牙O2O平台，能够为自己拓展更多的业务，带来更多的收入，会更愿意支持这种上门服务。

3. 社区医院

社区医院提供上门看病服务是家庭医生试点服务的开始，国内很多地区，诸如广东、陕西等都在开始试点家庭医生服务，说明政策正在大力支持上门看病服务。

社区医院提供的服务以妇女、儿童、老年人、慢性病人及精神病人为重点，以家庭或个人为单位，全科医师服务团队实行主动服务、上门服务等签约服务形式。对于基本公共服务规定的服务则实行全部免费，而预约上门服务、预约基本诊疗服务及其他特殊基本医疗服务，严格按照物价核定的标准收取。很多地区的社区医院甚至采取了减免一般诊疗费、“绿色通道”优先转诊、优先预约专科门诊等优惠措施吸引更多市民签约家庭医生。

第一，这种家庭医生服务对于众多老年人和慢性病患者来说，免除了经常跑医院看病的奔波之苦，国内的老龄化问题越来越严重，家庭医生服务是一件利国利民的功德事件。

第二，由政府支持社区医院试点家庭医生服务，更容易获得居民的信赖，从各个地区已经签约的家庭来看，这种家庭医生服务让他们个个都大呼“贴心”。

第三，这种家庭医生服务解决了老年人担心的医保费用等问题，而且很多服务价格比大医院要便宜得多，能让众多家庭节省大量的医疗费用。

第四，每个辖区居民可享受社区医院医生一对一的服务，其中包括健康检查、妇幼保健、基本医疗等服务，并根据居民的健康情况和实际需求提供个体化的特需服务。

总体看来，综合医疗O2O平台及垂直医疗平台所提供的上门看病服务虽然还需要克服一些障碍，但是优势却十分明显，也更深得民心。而政策支持下的社区医院所提供的家庭医生上门服务则更是利国利民，上门看病不会完全取代医院，但是上门看病必将真正缓解国内看病贵、看病难的问题，也必将重现历史辉煌。

9.3　O2O能否真正让医药电商大放异彩

说起国内的医药电商，发展到今天已经有长达数年的光景，但是至今却仍然只是不温不火。究其原因，也是由很多因素造成的，主要原因无外乎以下五点。

（1）阻碍医药电商发展的最大因素是药品的特殊性，导致很多用户不敢随便在网上购买药品，担心一旦买到假药反倒会让自己得不偿失。而且不管是任何时候，医生给出的建议往往都是要求在医生的指导下用药。诚然，药品不同于衣服、手机等其他商品，一些普通的消费类药品还好说一点，处方药是坚决不能随便在网上购买的。

（2）从及时性的角度来说，大多数人往往都是在生病的时候才会想到去买药。这个时候如果去医药电商平台买药的话，时间上是否来得及？快递几天能到货？这是一个非常现实的问题。所以很多时候，用户往往都会更愿意选择到附近的药店或者诊所、医院去购买药品，而且到线下购买还能得到医师的指导。

（3）从医药的消费用户来说，有相当大一部分用户都是中老年人，这类用户对于互联网和移动互联网本来就不是非常精通，更谈不上直接通过电商渠道来购买药品了。而且很多老年人一旦在某一个药店购买的药品比较适合自己，就会长期到该药店去购买药品，忠诚度非常高。

（4）从政策的角度上来说，国家对于医药电商平台的监管十分严格，想要拿到医药电商的几大资格证书并没有那么轻松。一般的小公司不具备这个实力，即便是拿到该证书的天猫、京东等商城，在售药时也是十分小心翼翼的。

（5）还有一个非常现实的问题，就是医保问题。尽管医院的药品比很多药店及网上商城所卖的药品要贵，但是很多人仍然会选择在就诊的医院购买药品，最根本的原因就是因为医保卡。很多参保的患者往往都只能在指定的几家医院享受医疗保险待遇，为了报销，不得不在指定的医院购买药品。

但是O2O的兴起却让医药电商平台看到了新的希望，不管是传统的制药厂、线下连锁药店，还是各大医药电商平台，都在试图借助O2O的力量打破医药电商尴尬的僵局。那么，O2O能否真正让医药电商大放异彩呢？先来看看几种不同的医药O2O模式。

1．连锁药店自主O2O

说到连锁药店，向医药电商进军的平台可谓非常多，在该领域做得不错的有海王星辰、药房网、金象网等连锁药店，通过在自有线下门店的基础之上，积聚了很大的优势。

首先，从线下进货渠道来说，药品不同于其他的普通产品，在进货渠道上必须要严格把关，一旦出现问题，将是毁灭性的灾难。连锁药店多年来在线下耕耘，在药品进货渠道的把控上具有一定的优势。

其次，连锁药店建立线上电商渠道的最大优势就是物流配送，大大解决了很多用户在网上购买药品却迟迟无法收到快递的尴尬局面。用户通过线上下单，连锁药店能直接通过附近的连锁店及仓储配送中心进行药品配送，药品也很快就能送到用户手中。尤其是到了移动互联网时代，这种基于地理位置的定位优势就更加突显了出来。

其三，很多大型连锁药店都已经加入了医保结算，这对于那些靠医保卡结算药费的用户来说是一个非常利好的消息。当然医保卡还只能到线下实体店才能消费，不能直接在网上进行消费，但不排除未来线下实体店会将线上医保结算打通。

其四，从电商现状来看，处方药是无法在电商平台销售的，但是通过线下的连锁药店，却可以很好地弥补这个短板，线上与线下真正有效地结合了起来。用户拿着医生开的处方单子，只需要到该电商平台离自己最近的线下连锁药店就可以直接购买到处方药。

其五，连锁药店多年来在线下已经为自己积累了相当大的品牌优势，更容易让用户产生信任感。线上购买药品最重要的就是信任，这一点线下连锁药店相对于纯粹的电商平台而言也具有一定的优势。

从连锁药店进军O2O的发展现状来看，整体并不是非常理想，有几个方面的问题需要解决。

问题一，连锁药店虽说都已经搭建了自己的电商平台，但是在移动端并没有很好地把自己的线下药店与电商平台结合起来，以至于很多用户根本就不太清楚该平台附近有没有线下店，在什么位置，离自己有多远。

问题二，从平台的发展角度来看，连锁药店所搭建的O2O平台实际上都只是在为自身做服务，并没有对所有的药店开放：一方面，线下的辐射范围及配送范围会受到限制； 另一方面，平台自身也会引来更多其他连锁药店的竞争。

问题三，从线上入口的角度来说，过去打造PC端商城的时候还可以借助百度来获取一定的流量，但是在移动互联网时代，缺乏互联网基因的连锁药店多少就显得有些力不从心了，如何加强移动端的布局是一个不小的问题。

2. 综合型医药O2O平台

其实说到综合型医药O2O平台，其发展模式与连锁药店有很大类似，只是一个为自己的连锁药店搭建平台，而另一个却是为所有的连锁药店搭建平台。2015年，药给力和快方送药都纷纷完成了A轮融资，足见这一类平台大受资本热捧。不过在这类平台当中的运作模式又各有不同。

（1）快方送药、送药360为代表的自建物流平台

自建物流平台是一种重资产服务模式，通过与传统的线下连锁药店合作，再自己组建物流团队配送。这种重服务模式也是优、劣势十分明显。

劣势：首先，人力成本非常高，前期需要大量的物流配送人员及团队，开支巨大，拿京东商城来说，在前期全国的物流队伍建设当中就耗费了大量的资金；其次，快方送药、送药360这种重服务模式还需要承担一定的法律责任风险，因为药品是通过快递人员运送的，一旦出现药品质量问题，那么这个责任谁来承担是个问题；最后，这种平台没有自己的仓储中心，所有的药品都是需要用户先下单，物流人员上门提货后再送货上门，有些药品可能暂时断货，平台也无法预知。

优势：第一，这种重资产模式采用大量的自建物流团队人员，从服务质量的角度来看，相对会比较高，也更标准化；第二，对于那些线下药店来说，更愿意与这种模式的O2O平台合作，毕竟如果是由药店自己配送的话，对于药店来说就增加了成本。

（2）药给力、搜药送、药直达为代表的依托连锁药店的物流平台

相比于快方送药、送药360的重资产服务模式而言，药给力、搜药送、药直达就属于轻资产模式了，订单完成后，由线下连锁药店自己配送。不管是重模式也罢还是轻模式也好，都已经得到了资本的认可，轻资产也有长处与短处。

长处：其一，轻模式相对于重模式而言，最大的长处就是前期能够节省大量的人力成本；其二，从发展速度上来说，轻模式也更容易迅速壮大自己的规模，快速与全国各地的传统药店达成合作；其三，药直达在流量入口上也占有一定的优势，尤其是资金实力上面。

短处：从配送的角度来看，重服务的服务质量更有保障，轻模式的服务水平自然就相对参差不齐了。尤其是有的药店，用户可能已经下单了，但是却因为店内忙等原因迟迟不能送药品上门，这就可能需要医药O2O平台帮助药店培训配送员。

（3）药急送、U医U药为代表的嘀嘀快的抢单模式

药急送、U医U药的这种抢单模式，实质上也是一种轻服务模式，只不过采用的却是抢单模式。从这两个平台的发展现状来看，似乎并不是非常理想。这种盲目模仿忽视了以下几点。

第一，出租车司机的数量相对于每一个用户周边的药店数量来说

要多很多，竞争非常激烈，自然也就更愿意争抢用户，而药店对于一个小单子来说却没有那么大的兴趣；第二，快的和滴滴打车之所以能够让司机时刻准备着抢单，有个非常重要的原因就是疯狂的补贴，而药急送、U医U药却没有对药店和用户进行大量的补贴；第三，从用户的角度来看，如果非常急的用户一定会自己主动跑到医院或者药店购买，但是打车却不一样，用户等几分钟再打不到车，可能就会被其他出租车司机接走了。

（4）叮当送药为代表的全产业链O2O模式

叮当送药是国内第一个把药企、药店和用户打通的平台，区别于其他任何O2O平台，优点与缺点同样并重。

优点：其一，叮当送药通过从产业链上游与传统药企达成合作，大大降低了药品的成本，用户通过叮当送药平台所购买的药品价格自然也就要便宜很多；其二，叮当送药曾与200家知名药企共同打造了“FSC药企联盟健康服务工程”，在药品这个领域具有绝对的权威性，更容易获得用户的认可；其三，叮当送药在配送速度上也具有明显的优势。

缺点：第一，叮当送药仅与颐寿大药房独家合作，从合作商家数量上来说还远远算不上是一个平台；第二，叮当送药扩张配送范围的方式是通过开线下药店，一方面增加了成本，另一方面大大降低了扩张速度。

（5）掌上药店为代表的医药大众点评

掌上药店，一个要做医药领域的大众点评平台，通过抓住很多用户渴望了解病情的症状、原因及许多药品相关信息这个痛点，用户可以根据自己的症状在掌上药店平台找到相应的用药指导和产品指南，积累了大量的用户，同时也积聚了大量的商家信息。但是这个平台能够交易的线下药店及在平台上买药的用户却并不是特别多，还只能用一般般、还凑合来形容。

从整个连锁药店自主O2O平台及各种综合型医药O2O平台模式的发展来看，未来面临着非常好的机遇，同时也有一定的风险和挑战。

机会：医药电商存在不能卖处方药、最后一公里配送等系列问题，但是能够将线下连锁药店打通的O2O模式却完全可以避免这些问题，传统药店借助O2O全面转型互联网的机会正在来临。

风险：这种O2O平台面临的竞争压力也非常大，它们当中普遍没有入口上的优势，同时还需要面对天猫、京东及传统药厂等强大的竞争对手，这些对手都在纷纷涌入医药O2O。

（1）诸如健一网、七乐康、健客网等垂直电商平台也在开始尝试O2O，它们当中有的通过建立线下体验店的方式，有的则通过打造跨界O+O的合作方式，但最终目的都只有一个：就是要打通线下。

（2）在传统药厂方面，国药集团与360达成了合作，双方共同出资打造医药电商平台，而上海医药则牵手京东，意图抢占处方药O2O市场。此外还有诸如盛生网等传统药企所打造的医药电商平台也在对医药O2O虎视眈眈。

（3）至于天猫医药馆、一号药店、京东药店所打造的平台，它们手中握有强大的流量入口、完善的支付体系及用户的线上购物习惯，未来不排除会借助手机端定位的功能让商户把线下实体店打通。

9.4 体育O2O在爆发的路上，资本狂躁

滴滴和快的之间的烧钱大战在短短的两年时间就烧出了一个打车类超级O2O平台，引发了无数创业人士对于烧钱模式的崇拜。O2O发展到今天，正在分成两条线路：一条是脚踏实地做好用户体验的创业者；另一条则是盲目追逐资本，然后疯狂烧钱补贴的创业者。烧钱模式认为速度就是一切，认为脚踏实地慢慢做用户体验的创业者跑得太慢，会被拖死；而脚踏实地做用户体验的创业者则认为盲目烧钱只会让自己死得更快。

如果说O2O只是一种炒作，那为何BAT、美团、大众点评、58同城、滴滴快的、京东等大小巨头都要抢夺O2O市场呢？难道这些互联网大佬们都是脑子发烧，钱没地方放了？

如果说O2O不是一种炒作，那为何走遍大街小巷，即便是一个很屌丝的创业者也会说自己拥有一个庞大的O2O平台计划，然后拿着风投到处招摇，没过多久就消失得无影无踪？

O2O这种线上与线下结合的方式对于传统企业转型互联网是一种最好的方式，既能让传统企业保留线下产业，同时也能让传统企业更好地借助互联网拓展线上业务，自然也就迎合了很多传统企业创业者的心理需求，同时也能让互联网从业者从中分一杯羹。它们并不是真的想疯狂烧钱砸市场，只是并不知道自己到底该怎么做，慢慢做好用户体验吧，又怕被别人抢占市场自己没机会了。就拿体育O2O来说，眼下也正在涌入无数创业者和资本，模式也非常多样化。

1. 约教练方式切入

在国内，诸如约教练、初练等都是专注于约教练的平台。初练在

2015年6月获得3000万元的Pre-A轮融资。约教练的方式也分好几种，有的专注于约教练上门，有的只是针对线下场馆内部预约教练，还有一种实际上是约教练去线下场馆陪练。

（1）约教练上门

对于约教练上门，估计除了简单的健身运动会有人偶尔把教练叫到家里来指导外，其他运动压根儿就没有人预约。一方面，家里的场地有限，运动范围、运动场所都会受到限制；另一方面，不管是教练还是对预约的用户来说，上门服务自然会涉及到隐私的泄露，财产、人身等安全问题。

（2）场馆内部教练直约

对于场馆内部教练的线上预约，实际上与约场馆的方式有些雷同。对于很多体育场馆来说，核心竞争力或者招牌就是场馆内的教练，借助教练的个人影响力为场馆带来更多的运动爱好者。一旦很多运动爱好者对某个教练比较认可，就会介绍很多朋友来预约该教练的课程，那么该教练出去单干的可能性就扩大了。

（3）约教练去场馆

这种方式是比较主流的约教练模式，同时也是一种私人教练的陪同方式，也称“陪练”。这种模式对于很多没有正式工作或者想找一份兼职的教练来说，可以获取一份额外的收入，比较受教练们欢迎。但是对于用户来说，教练的水平如何就很难得到把控了，不排除会有滥竽充数的现象。

但是总的来说，约教练是一个非常低频的事件，每一个人一生能约几个教练？约教练这种模式并不是十分看好。

2. 约场馆方式切入

说到约场馆，国内也有两种不同的形式：一种是约某一种类型场馆的O2O，诸如云高高尔夫，只针对全国各地的高尔夫球场，而全城热练则只针对健身场馆；另一种则是可以约各种场馆的O2O，诸如趣运动、动网等平台。

首先，相对于其他体育O2O的方式来说，约场馆会是一个比较高频的需求。与约教练对比，一个高频，一个低频，很明显高频的优势更明显，更容易切入到整个体育O2O生态。拿北京举例，北京有将近500家羽毛球馆，2000多片网球场，800多家游泳馆，600多家瑜珈馆，300多家舞蹈工作室，200多家健身房，但是这些场馆却经常爆满，如果不预约的话，就根本找不到位置。

其次，约场馆是解决信息不对称的一个最好方式。很多人经常运动，可是对于自己周边究竟有哪些运动场馆并不是十分清楚，这样就免不了可能会跑到一些离自己家非常远的场馆去运动。而一些知名度并不高的场馆可能就没有什么人经常过去运动，约场馆会成为这类运动爱好者和场馆之间的最好纽带。

最后，对于约场馆这类平台来说，比较容易得到一些以盈利性为目的的场馆支持。这些平台通过线上导流，可带来更多的用户，同时也能扩大场馆的知名度。

但是约场馆却面临着几个比较现实的问题。

问题一，很多运动场馆都是在学校里面，周一到周五，学校场馆一般是不对外开放的，而到了周末，大学校园的场馆学生们自己要用，中小学校园的场馆其实也不太愿意对外开放，收不了多少费用，对学校场馆器材损耗还挺严重，这些校园体育场馆往往都不太愿意与这类平台合作。尤其是一些足球和篮球场地，更是主要集中在校园中，约场馆将面临一定的限制。

问题二，对于很多运动爱好者来说，其实经常会去的运动场馆也就那么几个，一旦这类运动爱好者通过该平台发现了不错的运动场馆之后，下次就很可能会避开平台直接预约运动场馆。

3. 垂直电商方式切入

说到垂直电商，国内活得不错的并不多，只有唯品会、聚美优品等少数几家平台，而运动类垂直电商生存得不错的更是屈指可数了，也只有2015年完成数千万级别Pre-A轮融资的优个网。从优个网的发展动态来看，这家垂直电商平台还远远不能满足于电商这一块市场，此轮融资就是它们向体育O2O市场发起全面进军的信号。

第一，优个网从2008年开始就一直深耕于运动电商品牌的打造，已经积累了近500万的忠实会员。这些会员是优个网的根基所在。与此同时，优个网通过7年的时间沉淀，积累了大量的知名运动品牌厂家供应商资源，从运动品类来说，已经远远超过京东商城和天猫。

第二，从2015年1月开始，优个网已经连续在北京等多个城市开设了超过9家线下门店，并即将突破15家，2015年年底将突破50家，2016年将突破500家，全部由优个网统一供货，线上为线下导流，线下为线上增强用户体验。同时，优个网还成立了优个运动O2O商学院，针对门店加入者进行系统的培训。

第三，优个网正在准备上线约场馆的体育O2O平台已经处于测试阶段。优个网在过去的电商发展过程中，已经与很多运动场馆建立了紧密的合作关系，这对于打造约场馆O2O积累了大量的场馆资源。同时，优个网还能通过为场馆提供用户的支持而得到更多场馆的独家合作。

从优个网的布局来看，正在通过从体育用品、线下体验店、运动类O2O等构建一个庞大的体验O2O生态体系。优个网未来在体育O2O的胜算非常大，但是优个网未来同样也会面临一定的挑战。

挑战一，优个网的优势在体育用户资源上，如何能够把优个网近500万的体育用品会员及其他经常在优个网购买商品的用户成功地转化成优个网约场馆平台的忠实粉丝，这需要一个巧妙的引导过程和时间。

挑战二，在体育用品的垂直电商领域，优个网已经建立起了自己的竞争壁垒，但是涌入运动O2O的平台非常多，面临的竞争对手也是强手如云，要想脱颖而出，必须经过一场断杀才行。

4. 约好友方式切入

很多运动爱好者经常苦于找不到共同的运动爱好者。Keep、去动、约运动、乐奇足球、开练等平台纷纷推出了交友的运动社区模式，通过约好友的方式切入到体育O2O。

其一，对于一些羽毛球、足球、篮球等各类运动来说，一个人单独玩往往都没有什么意思，可是要找到志同道合的朋友一起来玩的话并不是那么容易，社交体育O2O平台的出现恰好满足了这部分人的需求。

其二，对于一些线下的体育培训课来说，很愿意与这种体育社交O2O合作，能够给它们带去很多学生，同时也能让这类运动爱好者在这里找到更多志同道合的朋友。

其三，约好友的方式在线上的互动性相比于其他平台会比较强，这种互动性能够增强平台的用户黏性，在用户入口上相对于其他平台会比较有优势。

但是对于约好友这种社交平台来说，线下会是它们最大的缺陷。

缺陷一，社交O2O平台对线下的控制力并不强，线下用户体验的质量无法得到保证。如果用户在线下体验度不高，则会影响到线上平台用户的黏性和活跃度。

缺陷二，体育类社交并不是一种强社交需求，微信建立了熟人之间的朋友圈关系链，陌陌则建立了陌生人的强心理需求关系链。运动类社交需求只是一种弱需求。这种弱需求维护下的社区很难进一步发展壮大。

5. 垂直媒体方式切入

媒体对于体育O2O觊觎之心久矣，不论是四大门户的体育频道，还是新闯入者懂球帝，都开始在酝酿体育O2O，不过付出实际行动的只有虎扑体育。虎扑体育通过与贵人鸟共同斥资20亿元成立动域资本，共同布局体育O2O。虎扑体育的野心与优个网非常相似，最终的意图都是要打造一个体育O2O生态体系。不同的是，优个网通过前面7年的积累已开始打造自有生态，而虎扑体育则是想通过资本布局来构建一个O2O生态。

（1）虎扑体育作为一个体育类的资讯平台拥有强大的流量入口，借助这个流量入口，未来虎扑体育就可以为自己投资的O2O平台倒流量。比如，已经接入虎扑体育资讯的识货平台就是一个体育用品的电商平台。

（2）从用户的角度对比，虎扑体育平台上积累了一大批对运动非常热爱的用户，他们喜欢看各类球赛资讯，同时自己本身也是一名体育运动爱好者，如果虎扑体育能够在自己的PC端和移动端接入各种体育O2O，会比较容易得到他们的支持。

（3）从资本实力上来说，2015年年初，贵人鸟就投资了虎扑体育2.4亿元，而随后虎扑体育和贵人鸟共同斥资20亿元成立的动域资本也是实力雄厚，这将帮助它们在未来的体育O2O烧钱大战中占据一定优势。

不可否认，虎扑体育借助多年的体育资讯报道为自身打造体育O2O积累了一定的优势，但是体育O2O面临的劣势也是相当明显的。

劣势一，在整个体育O2O行业中，最终能够剩下来的平台并不会太多，甚至可能就那么几家，虎扑体育通过投资来布局生态并不是一个十分明智的选择，而且动域资本所投资的都是创业公司。这类创业公司最终能够在体育O2O这条路上折腾多久还是个问题。

劣势二，如何将虎扑体育的流量入口资源与其所投资的O2O平台进行整合也是一件非常困难的事情。虎扑体育的优势在PC端，移动端并没有强势的入口，而O2O却是对移动端要求甚高的领域。

6. 培训方式切入

说到体育课程培训，大家最熟悉的莫过于黄健翔创办的动吧足球，此外还有火辣健身、叫练等体育O2O平台，都专注于体育培训。

首先，这类平台都能够得到拥有某一细分市场特定需求人群的支持。比如，专注于少儿足球启蒙教育的动吧足球，能够得到家长们的大力支持；火辣健身针对一些想要减肥的年轻群体，可以根据自己的健身诉求及运动难度等级选择适合的课程进行训练；叫练针对附近用户推荐健身课程，并且可以请线下教练一对一服务。

其次，对于线下一些拥有体育课程班的场馆来说，如果该类平台能够给它们带来一定的用户流，那么自然也愿意合作，同时这类课程班能够借助该平台获得一个很好的展示与宣传。

培训类O2O要想真正与线下课程班亲密合作并成为用户喜欢的平台，还需要弥补以下两个方面的不足。

不足一，入口流量。每一个课程班都具有一定的时效性，能不能开起来就取决于报班的人数如何，如果这类O2O不能够给线下课程班带来足够的流量，那么后面继续合作的意义就不会太大。

不足二，缺乏对线下课程班的考核。很多用户通过这类培训O2O报了一些课程班之后，发现并不能学到自己想学的东西，或者认为并不值这个学费，就会导致线下体验不好，下次再通过该平台报课程班的可能性就非常小。很多线下课程班就是抱着骗钱的目的来做的，如果不能加强考核，导致用户上当受骗，那么对平台的影响就会非常不好。

7．体育品牌方式切入

耐克、匹克等体育品牌都开始试水O2O：一方面希望通过线上来扩大产品的销量；另一方面也希望通过举办各类体育活动来扩大品牌的影响力和认知度。

第一，这类体育品牌通过成立自己的运动俱乐部来聚集体育运动爱好者，进而培养这类用户对品牌的忠诚度。比如，耐克通过建立自己的微信跑步公众账号聚集很多忠实的粉丝，然后通过线下跑步活动的举办大大增强用户的黏性。

第二，过去耐克、匹克等体育品牌一直都是在线下耕耘，电子商务的快速发展对于线下门店的冲击力非常大，试水O2O，推出自己的线上平台，用户也能通过线上官方平台购买到自己想要的球鞋、球服。线上平台能够解决线下平台的高库存成本、品类不全等问题，同时也能与线下形成互补。

第三，从品牌的角度来说，耐克、匹克等品牌都拥有一批忠实的粉丝，它们进军体育O2O的品牌效应是很多其他平台难以企及的。

当然，耐克、匹克等体育品牌本身有很多因素也注定了它们无法成为真正意义上的体育O2O大平台。

（1）不管是耐克也好还是匹克也罢，试水O2O的真正目的是为了带动品牌的销量，产品是它们的根基，也是它们的基因所在，这也注定了它们只会围绕着对自身产品打造O2O，不会向市场更大的体育O2O进军。

（2）每一个品牌都会有自己一些固定的粉丝群，这既是好事但又不是好事，导致其他品牌的粉丝群很难成为该品牌O2O上的用户，这会让平台的发展受到一定的限制。

8. 组合拳方式切入

有很多体育O2O平台会通过约人、约教练、约场馆等多种方式的结合来切入到这个市场，如大满贯、动起来。

其一，对于运动爱好者来说，这类平台既能够预约教练，同时也能够约场馆、约朋友，甚至还能够在该平台上了解一些体育资讯，满足了很多用户的多样化需求。比如，大满贯不仅专注于订场地、约教练和约球友，还与中国网球公开赛达成合作，提供网球资讯。

其二，从平台的角度来看，组合拳的方式更像是一个综合型的平台，而其他单点切入的平台最终一定也会向多种预约方式的方向发展，综合型平台具备先发优势，能够率先建立起竞争壁垒。

其三，对于一个体育运动爱好者来说，如果一个平台能够同时满足更多的体育运动需求，自然也不愿意在手机里同时安装多个APP，从手机内存和用户的使用习惯来说，综合型的APP更适合。

但是组合拳方式切入体育O2O市场的话，同样也会面临一定的困难。

困难一，多种方式切入到整个体育O2O市场，就意味着平台前期的人力成本比较大，同时城市的扩张速度也会受到一定的影响。

困难二，组合拳的各种方式之间能够进行互补，如果哪一种方式出现了问题，那么对于整个平台的其他预约服务也会产生不良影响，从而影响整个平台的稳定发展。

9．视频媒体方式切入

说到视频媒体切入到体育O2O，大家可能都会想到玩资本游戏比较厉害的乐视网。没错，就是野心勃勃的乐视体育。乐视体育已经远远不满足对体育节目版权的购买，背后还有一个更大的体育O2O平台梦。

（1）单点突破

通过与帕奎奥国际俱乐部达成合作，乐视体育打造了一个中国最大的拳击O2O平台，通过线上和线下培训，并举办职业联赛的方式服务中国拳迷。同时，乐视体育还将开发一款集获取信息、预订课程、约赛、社交等多功能于一体的拳击APP，为拳迷搭建O2O的互动与培训平台。

（2）软件结合

乐视体育通过与飞鸽车业达成战略合作，将推出智能自行车。同时，乐视网和乐视体育还联合投资了益动GPS——一款智能运动软应用，意图打造一个软、硬结合的智能运动生态系统。

乐视体育切入到拳击O2O仅仅还只是一个开始，未来在该平台上，定然还会切入到其他诸如跑步、篮球等各类体育O2O运动。乐视体育虽然在视频入口、品牌影响力和资本层面都拥有不错的优势，但是外界并不是十分看好乐视体育。

原因一，乐视不管是做手机也好，还是布局未来汽车也罢，其实都是在玩资本游戏，即便是乐视体育也一样，只不过是乐视网的资本棋子。乐视意图通过自己的庞大资本布局来支撑自己的股市。不脚踏实地做好产品、做好服务，很难成为市场最终的赢家。

原因二，乐视体育打造O2O并没有一款自己的核心产品，都是采用合作和投资方式。即便是声势浩大的拳击O2O，也只是一个雏形，而且拳击馆本来就只是一个少数专业运动人士去的场所，以此作为体育O2O的切入口很难在用户规模上制胜。

10. 智能方式切入

其实说到以智能方式切入，刚才提到的乐视体育已经正在从这方面发力，除此之外，还有咕咚运动、乐动力等平台。咕咚运动在智能运动方面发力比较猛，在推出硬件“咕咚运动伴侣产品”之后，又推出了咕咚运动APP，之后又相继推出EasyFitAPP、摇摇减重APP、咕咚蓝牙智能秤、咕咚蓝牙智能心率带、咕咚手环、智能穿戴设备刷机固件咕咚ROM。

从所有的智能运动产品来看，都还只是提供针对运动状况等进行检测、统计、提醒等各种功能，而且智能运动产品的使用率并不高，要想从硬件切入到软件O2O市场并没有那么轻松，这一点从小米手机今天的结局就可以看到未来，小米在移动端至今没有任何一款巨型APP。

以上10种不同方式切入体育O2O中所提到的平台都拿到了资本的投资，但是要想真正在即将爆发的体育O2O路上打胜仗，就必须先脚踏实地的做好产品、做好服务，而后借助资本的力量才真正有可能实现爆发。

反侵权盗版声明

举报电话：（010）88254396；（010）88258888

传　　真：（010）88254397

E-mail:　dbqq@phei.com.cn

通信地址：北京市万寿路 173 信箱

　　　　　电子工业出版社总编办公室

邮　　编：100036